# Les matins gourmands

## du Club des petits déjeuners

70 recettes qui ont de la personnalité

LES ÉDITIONS DE
L'HOMME
Une société de Québecor Média

CLUB DES PETITS
DÉJEUNERS DU QUÉBEC[MD]
www.clubdejeuners.org

# Table des matières

# Aidons-les à grandir…
# un petit déjeuner à la fois

Quand je regarde mes enfants jouer, rire, étudier, rêver et se projeter dans le futur, je me dis que tous les enfants du monde devraient avoir cette chance de croire que tout est possible et que l'avenir leur appartient.

Dans notre société d'opulence, on tient trop souvent pour acquis que manger le matin en famille et donner à ses enfants tous les nutriments dont ils ont besoin pour grandir en santé, c'est le lot d'à peu près tout le monde. Malheureusement, ce n'est pas le cas, et encore de nos jours, trop d'enfants entrent en classe sans avoir déjeuné.

Quand nous avons mis sur pied le Club des petits déjeuners du Québec en 1994, nous voulions trouver une solution simple et concrète pour aider les enfants à avoir une chance égale de réussite scolaire. Nous voulions leur offrir un bon petit déjeuner complet et nutritif dans un environnement chaleureux et stimulant, et c'est ce que nous avons fait. Aujourd'hui, nos quelque 3 500 bénévoles continuent de nourrir environ 18 000 enfants tous les jours. Mais le Club, c'est plus qu'un petit déjeuner. C'est aussi un projet de société.

En effet, dès le début de l'aventure, nous avons voulu en faire un objet de mobilisation sociale parce que nous croyons foncièrement que le bien-être de nos enfants est une responsabilité collective. Au fil des ans, des milliers de donateurs, d'artistes et de partenaires ont troqué leur philosophie de don pour une philosophie d'engagement. Tous ces gens ont joint le geste à la parole et nous ont aidés à accomplir notre mission. Bon nombre d'entre eux sont toujours à nos côtés parce qu'ils croient comme nous que nous arriverons un jour à faire en sorte que tous les enfants du Québec auront une chance égale de réussir à l'école comme dans la vie. C'est un défi de taille, mais c'est notre défi à tous !

Et chaque fois que je vois un enfant sortir du Club avec le sourire parce qu'il a bien mangé, je me dis qu'on se rapproche un peu plus de notre but : ce bonheur qu'il a au coin des lèvres continuera de grandir avec lui chaque matin.

Ce livre de recettes est le résultat d'une collaboration spontanée et bénévole de gens de tous les milieux et de tous les métiers. Certains nous ont confié leurs petits secrets culinaires, d'autres ont témoigné de leur expérience au Club, mais tous ont généreusement «mis la main à la pâte» pour en assurer le succès. J'espère d'ailleurs que vous trouverez dans cet ouvrage une nouvelle source d'inspiration pour vos menus du matin et qu'il sera le témoin de nombreux petits déjeuners en famille.

Au nom de tous les enfants du Club qui bénéficieront directement du fait que vous avez ce livre entre les mains, je vous dis : «Bon appétit et, surtout, MERCI de les aider à grandir… un petit déjeuner à la fois !»

DANIEL GERMAIN
PRÉSIDENT-FONDATEUR
CLUB DES PETITS DÉJEUNERS DU QUÉBEC

# Le petit déjeuner, quel plaisir !

À la table du petit déjeuner, on reprend contact avec ses proches après la parenthèse de la nuit. La cuisine s'illumine, la cafetière glougloute et du grille-pain émanent des odeurs alléchantes. Le cadet raconte ses rêves tout en plongeant avidement sa cuillère dans le pot de confiture pendant que sa grande sœur sirote un smoothie « super *cool* ». Bien au chaud au cœur des siens, on s'énergise avant de quitter le cocon et de se tourner vers l'extérieur. On bâille encore, mais on a commencé à sourire. Nous voilà revenus sur terre, la journée commence, et de belle façon !

Seul à la table du petit déjeuner ? On traîne encore un peu dans les brumes du sommeil, on s'étire, on planifie sa journée, on feuillette son journal, on fait ses mots croisés, on sirote un deuxième café avec la radio en sourdine, bref on remet la machine en marche en douceur.

Ces plaisirs se multiplient les bienheureux jours de congé : on se lève plus tard, on flâne, on prend davantage le temps : ce sont les délicieux petits matins de crêpes, de pain doré, de galettes de sarrasin, d'œufs brouillés et de jus d'orange fraîchement pressé...

À la maison, on a aussi adopté le brunch. Les grands-parents n'aiment plus trop conduire le soir ? Les enfants sont plus en forme le midi qu'en soirée ? Qu'à cela ne tienne ! Le brunch devient la solution parfaite. On rassemble la famille, les copains, les cousins, les voisins de façon conviviale, sans mettre les petits plats dans les grands. On traîne des heures à table, le temps s'est arrêté. Un mimosa pour fêter ça ?

*Tout bonheur commence par un petit déjeuner tranquille.*
SOMERSET MAUGHAM

# Le petit déjeuner, le repas le plus important

Le plaisir relié au petit déjeuner n'est pas que circonstanciel. Il est aussi ressenti de façon chimique par notre cerveau, grâce aux sucres. Ce sont d'abord les papilles qui profitent du goût sucré, puis le cerveau, dont les circuits du plaisir sont rapidement stimulés par le glucose. Quand on est à jeun, nos sens sont en effet plus aigui-sés. En fait, notre corps est programmé pour nous donner envie de manger le matin.

Il ne nous viendrait pas à l'esprit d'entreprendre la traversée du parc des Laurentides sans faire le plein d'essence. Eh bien, chaque matin, au réveil, notre corps a, de la même manière, besoin de carbu-rant pour traverser la journée. Bien sûr, la nuit nous aura permis – souhaitons-le ! – de nous reposer. Mais ce jeûne d'une dizaine d'heures a par contre contribué à diminuer le taux de glucose, ce pourvoyeur d'énergie, dans le sang. Il faut donc refaire le plein : voilà justement le rôle d'un bon petit déjeuner. « Dé-jeuner », c'est « défaire le jeûne », tout simplement.

Des trois repas, le petit déjeuner est sans contredit le plus impor-tant. Il nous permet d'emmagasiner de l'énergie pour affronter la journée. Plus celle-ci avance et plus on se dirige vers le repos de la nuit, moins on a besoin de manger pour faire le plein d'énergie. Lo-gique, non ?

Mais qu'est-ce qu'un bon petit déjeuner ? Pour être régénérant, il doit comprendre trois des quatre groupes alimentaires : des produits céréaliers, source de fibres et de glucides ; des produits laitiers, pour le calcium et les protéines qui procurent la sensation de satiété et nous soutiennent jusqu'au repas suivant ; des fruits ou du jus de fruit, pour les glucides, les vitamines, notamment la vitamine C, et les miné-raux. Les œufs, qui font partie du quatrième groupe alimentaire (viandes et substituts), constituent aussi un très bon choix pour com-bler les besoins en protéines.

Sauter le petit déjeuner de crainte de prendre du poids ? Mauvaise idée. Des études ont même prouvé que les personnes qui déjeunent sont plus minces que celles qui se privent de ce repas. Rassasiées, les premières n'auront pas tendance à grignoter ; elles se rendront facilement à l'heure du midi et prendront un dîner plus léger. Elles sont donc gagnantes sur toute... la ligne !

Un bon repas du matin contribue également à une meilleure concentration, à une diminution du stress et à une meilleure mémoire. Il est aussi prouvé que les gens qui déjeunent sont de meilleure hu-meur que les autres !

Le petit déjeuner s'avère déterminant pour les écoliers. Les ensei-gnants l'ont observé : les enfants qui n'ont pas mangé présentent plus de difficultés d'apprentissage que ceux qui sont bien nourris. Quand le cerveau manque de glucose, il se mobilise pour en obtenir, au détriment des autres tâches qu'il a à accomplir, d'où une perte d'attention et d'intérêt. Un bon petit déjeuner fera de l'enfant un élève plus attentif, plus apte à la réflexion et à l'analyse, doté d'une meil-leure capacité d'apprendre. Un bon petit déjeuner, ça recharge les batteries !

Tonus, forme, vitalité, bonne humeur et convivialité sont tous asso-ciés à un bon petit déjeuner.

# Un peu d'histoire

Gagner son pain, ôter le pain de la bouche, bon comme du bon pain, avoir du pain sur la planche, long comme un jour sans pain, né pour un petit pain, qui a faim rêve de pain, se vendre comme des petits pains : tant d'expressions et de proverbes se rattachent au pain ! Normal, c'est l'élément de base de l'alimentation humaine occidentale. Et, bien sûr, il est au cœur de notre petit déjeuner depuis toujours.

Dans la Grèce antique, le rituel du petit déjeuner consistait en du pain trempé dans du vin, considéré comme un aliment stimulant. Ce petit déjeuner n'est pas sans rappeler l'eucharistie : le pain et le vin représentent le corps et le sang du Christ.

Chez nous, au temps de la Nouvelle-France, le pain revêtait également un sens sacré. On s'attablait, on récitait le bénédicité et on se signait, puis le père de famille prenait une miche du pain boulangé par la mère et la marquait d'une croix au couteau, avant de la rompre et de la partager. Il « bénissait » de cette façon le pain, ce pain qui symbolise la foi et la vie.

En réalité, notre ancêtre paysan s'alimentait en deux temps le matin. Avant de s'attabler ainsi avec toute sa famille, au saut du lit vers les 4 heures, il avalait rapidement lait caillé et thé avant de partir faire le train. Les bêtes d'abord ! Ce n'est que vers les 7 heures, à son retour de l'étable, qu'il attaquait un solide petit déjeuner, lequel consistait bien souvent en des restes de la veille : pain, pommes de terre, porc, volaille, poissons conservés en saumure ou « boucanés » à la façon des Amérindiens, bouillon d'herbes ou de légumes dans lequel on jetait du pain sec. C'est que la mère de famille n'avait pas le temps de boulanger tous les jours. Il fallait alors se montrer imaginatif pour agrémenter son pain rassis ! D'où, notamment, le traditionnel pouding au pain et les tartines de graisse de rôti. Petit déjeuner, dîner, souper étaient constitués des mêmes ingrédients.

Les œufs ? Pas quotidiennement ; peut-être une bonne omelette le dimanche, mais pas davantage. En fait, nos paysans canadiens-français n'étaient pas assez riches pour consommer les œufs de leurs poules. Traditionnellement, les œufs appartenaient à la mère, qui les vendait pour acheter d'autres produits de base : farine, mélasse ou du tissu pour habiller sa maisonnée.

Dans les classes un peu plus aisées, on mangeait aussi de la « soupane », gruau d'avoine nourrissant ; religieuses et religieux le servaient chaque matin à leurs petits pensionnaires.

À partir des années 1920, l'industrialisation qui s'est développée chez nous a amené la production de toutes sortes de denrées manufacturées, dont de nombreux produits céréaliers de consommation facile, plus ou moins sucrés. On a aussi vu apparaître le fameux pain blanc, symbole de richesse et d'élégance. Quel luxe, il nous était même vendu tranché ! On pouvait désormais se procurer des confitures, du caramel, du pain aux raisins, des mélanges pour crêpes : notre petit déjeuner serait dorénavant à prédominance sucrée.

Pour travailler dans les usines, les ouvriers ont migré vers les villes, qui ont grossi par le fait même. Pour répondre aux besoins de tout ce beau monde, on a vu apparaître chez nous de grandes chaînes d'alimentation américaines, dont Dominion Stores et A & P, lesquelles offraient des tablettes bien garnies. Le consommateur a alors découvert quantité de nouveaux produits, dont le beurre d'arachide. Ces grandes épiceries ont contribué au développement d'une nouvelle façon de s'alimenter.

Au fil du temps, des produits toujours plus variés sont apparus sur le marché, et notre petit déjeuner peut se décliner désormais de bien des façons. Facile de varier le menu !

# Le petit déjeuner autour du monde

Quand vient le temps de passer à table, chaque pays possède ses propres pratiques et traditions. La façon de s'alimenter fait partie de la culture d'un peuple et le contenu des assiettes varie, notamment, selon les ressources naturelles, la production locale, le climat et le style de vie des habitants.

Pourquoi ne pas lorgner les tables du petit déjeuner ailleurs dans le monde, question de voir ce que nous pourrions y récolter pour satisfaire notre propre gourmandise ? En plus, apprivoiser la gastronomie matinale de ces divers pays constitue une façon originale et savoureuse de voyager à bon compte !

## Continent américain

Nos voisins états-uniens mangent sensiblement la même chose que nous, avec une préférence marquée pour les montagnes de *pancakes*. En Amérique du Sud, les fruits foisonnent sur toutes les tables – frais, en jus, en salade, en compote ou en purée : banane plantain, fruit de la passion, mangue, papaye, banane, orange, etc. Charcuterie, beignets garnis de viande, pommes de terre, œufs, légumes, galettes de maïs, *frijoles* (haricots rouges) font aussi partie du petit déjeuner au Mexique, au Brésil, en Bolivie et en République dominicaine.

Et attention, on ne boit pas que du café ! Les Colombiens sont friands d'*aguapanela*, la *panela* étant une galette très ferme de sucre de canne bouilli ; on la casse en morceaux et on la fait fondre dans de l'eau bouillante. Au Paraguay et au Brésil, on opte plutôt pour la *yerba mate,* boisson tirée des feuilles et des tiges d'un arbuste appelé *maté,* qui sont torréfiées puis infusées. En Bolivie, on concocte une boisson chaude à base d'avoine et de cannelle.

## Continent européen

Tous les lecteurs d'Agatha Christie connaissent le très consistant *breakfast* britannique, à dominante salée. Saucisses, bacon, rognons, haricots rouges ou blancs à la sauce tomate, œufs brouillés, *porridge*, *toasts* et marmelade, avec, *of course,* une tasse de thé agrémenté d'un nuage de lait. L'Allemand opte aussi pour un petit déjeuner salé, surtout composé de jambon et de charcuterie.

L'Autriche est le pays des viennoiseries. En France, on se régale de croissants pur beurre et de chocolatines ; en Espagne, on raffole des beignets à la fleur d'oranger. Le *panettone*, cet exquis pain brioché aux fruits confits, traduit pour sa part parfaitement tout le charme de l'Italie. Enfin, c'est un Suisse, le D$^r$ Maximilian Oskar Bircher-Benner, qui a inventé le muesli, mélange de céréales, de noix et de fruits secs.

Dans les pays scandinaves et en Russie, on commence la journée avec des poissons fumés ou marinés, notamment le hareng.

## Continent asiatique

Les Japonais aussi mangent du poisson au petit déjeuner, surtout du saumon salé ; ils aiment également la soupe aux algues. Les Chinois déjeunent de riz, bien sûr, mais aussi de nouilles et de petits pains farcis à la viande. En Inde, le *jalpan* (repas du matin) se compose d'une salade de légumes au yogourt, de galettes frites accompagnées de confitures, de yogourt et de fruits.

## Continent africain

En Afrique, on sert généralement des galettes de semoule et une bouillie de mil et de dattes.

# Trucs et astuces pour vous mettre en appétit au réveil

**Vraiment pas affamé au saut du lit? Pas de panique!**
**Voici de quoi ouvrir l'appétit :**

- Au saut du lit, on prend un verre d'eau, un jus de fruit ou une boisson probiotique pour éveiller l'estomac en douceur.

- On passe à table seulement après avoir fait sa toilette. Ces quelques minutes de veille peuvent faire toute la différence.

- Pas le temps de déjeuner? Prétexte! La veille, on dresse une jolie table invitante, on sort tout ce qui peut se conserver à température ambiante, puis on met le réveil 15 minutes plus tôt. On y prendra vite goût.

- S'il y a des lunchs à apporter à l'école ou au travail, on les prépare la veille, question de gagner du temps.

- Incapable de manger chaud le matin? On pense céréales. Le marché offre une multitude de bons produits. Et rien n'empêche d'augmenter l'offre en faisant des mélanges.

- Rebuté à l'idée de manger solide si tôt? Vive le smoothie! Lait, yogourt, soya, banane, petits fruits, jus d'orange, germe de blé, céréales, chia, graines de lin, œuf... Un ou deux tours de mélangeur, c'est prêt, frais, délicieusement facile à ingurgiter. Une solution particulièrement appréciée des écoliers.

- On prend un souper léger au moins deux heures avant d'aller se coucher. L'estomac plus léger, on dormira mieux et la faim se fera sentir beaucoup facilement le matin. Un vieil adage ne dit-il pas : « Il faut petit-déjeuner comme un roi, dîner comme un prince et souper comme un pauvre »?

- Autre option : on déjeune en deux temps. D'abord un fruit, un jus de fruit, un yogourt à boire ou une boisson probiotique avant de quitter la maison. Et on apporte, au choix, yogourt, fruits, muffin, bagel, fromage, jus, lait, pain à grains entiers tartiné de beurre d'arachide, etc. On peut préparer la veille un sundae matinal à apporter dans un bol : du yogourt nature recouvert de céréales de type muesli, puis de morceaux de fruits, d'une cuillerée de miel ou de sirop d'érable et de quelques noix de Grenoble, et le tour est joué!

# Le Club des petits déjeuners du Québec : nourrir les rêves !

C'est alors qu'il était à Mexico que le déclic s'est fait dans la tête et le cœur de Daniel Germain. Au terme d'une enfance et d'une adolescence difficiles, le jeune homme se cherchait. Jusqu'au Mexique, même, où il a rencontré des amis travaillant dans l'humanitaire et découvert, grâce à eux, la terrible réalité des enfants vivant dans d'immenses dépotoirs. De retour au Québec, avec le sentiment d'être enfin investi d'une mission, il entreprend en quelque sorte de devenir l'avocat des enfants et de s'assurer qu'ils sont bien nourris et protégés. Le Club des petits déjeuners du Québec (CPDQ) voit donc le jour en 1994, grâce à un homme dont la détermination et la persévérance se sont révélées à toute épreuve. Un projet d'envergure, destiné à donner à tous les écoliers les meilleures chances de réussite possible.

Le centre social du CPDQ, situé à Boucherville, bourdonne d'activité. Les employés sont affairés, mais souriants. Dans l'entrepôt, des caisses et des caisses de fruits, de denrées, périssables ou non, de produits laitiers et céréaliers, fournies par des partenaires alimentaires privés, sont classées et rangées ; tout est d'une scrupuleuse propreté. Les menus sont élaborés selon les recommandations du *Guide alimentaire canadien* et la nutritionniste Isabelle Huot y met son sceau d'approbation. Cet espace dédié au bien-être et à la santé des enfants illustre parfaitement ce que prône le CPDQ : c'est un lieu sain, actif et joyeux.

Toutes les trois semaines, chaque école participante reçoit, directement de l'entrepôt, sa quote-part. Le CPDQ fournit tout : la nourriture, les menus, les frigos, les gros grille-pain rotatifs, les sacs à ordures, les linges à vaisselle et même les filets à cheveux pour les cuisiniers ! Plus encore, le Club forme les bénévoles, soit de 10 à 15 personnes par école, à préparer et à servir aux enfants un petit déjeuner chaud et nutritif.

Mais les bénévoles n'apprennent pas qu'à servir les repas, ils reçoivent également une formation à JeunEstime, une approche du CPDQ qui mise sur la connaissance de soi, le respect de la différence et la coopération. Voilà de quoi rendre les contacts entre les grands et les petits les plus enrichissants possibles, pour les uns comme pour les autres.

Pour l'écolier qui fréquente le Club, le repas du matin devient un moment privilégié qui lui permet de vivre une expérience positive en joyeuse compagnie. Il y est accueilli chaleureusement, dans un climat de respect et de bienveillance. La recette secrète du Club ? Les valeurs humaines !

En 2012, 297 écoles québécoises y participent. Leurs enseignants applaudissent : depuis l'arrivée du CPDQ à l'école, leurs élèves débordent d'énergie, se montrent plus attentifs et plus concentrés en classe. En 2005, le CPDQ a même été reconnu par les Nations Unies comme l'un des meilleurs programmes scolaires d'alimentation du monde.

Au quotidien tout comme dans ses différentes campagnes de financement, le Club des petits déjeuners a la chance de pouvoir compter sur le soutien de nombreuses personnalités québécoises. Avec générosité et spontanéité, 60 d'entre elles ont accepté de joindre leur meilleure recette de déjeuner à ce collectif gourmand, dont les profits permettront de soutenir le CPDQ dans la poursuite de ses activités auprès des enfants.

Amoureux de la gastronomie matinale, l'heure du petit déjeuner a sonné. Bon appétit !

# les moelleux

# Brioche aux raisins
## et à la cannelle

Préparation : 45 min environ   Repos : 1 h 10   Cuisson : 25 min   Portions : 6 à 8

### Brioche aux raisins
- 520 g (3 ¼ tasses) de farine tout usage
- 65 g (⅓ tasse) de sucre
- 1 pincée de sel
- 2 c. à soupe de levure instantanée à effet rapide
- 125 ml (½ tasse) de lait
- 120 g (½ tasse) de beurre
- 1 œuf battu

### Garniture à la cannelle
- 80 g (⅓ tasse) de beurre
- 80 g (⅓ tasse) de cassonade
- 2 c. à soupe de cannelle moulue
- 120 g (¾ tasse) de raisins secs

Mario Tessier
Humoriste et animateur

**1.** Dans un grand bol, mélanger le tiers de la farine avec le sucre, le sel et la levure. Réserver.

**2.** Dans un petit chaudron, mettre le lait et le beurre. Chauffer à feu doux pendant environ 10 minutes, en prenant soin que le mélange ne bout pas et en remuant régulièrement. Lorsque le beurre est complètement fondu et que la température du mélange a atteint 55 °C (130 °F), l'incorporer aux ingrédients secs.

**3.** Ajouter l'œuf et le reste de la farine et mélanger avec les mains jusqu'à la formation d'une pâte. Déposer sur un plan de travail et pétrir environ 10 minutes, ou jusqu'à ce que la pâte soit homogène et qu'elle puisse être façonnée en une belle boule lisse.

**4.** Placer la boule de pâte dans un bol, couvrir d'un linge et laisser reposer environ 10 minutes dans un endroit chaud et à l'abri des courants d'air. (Le four, lumière allumée, serait un excellent choix !)

**5.** Pendant ce temps, préparer la garniture à la cannelle en mélangeant le beurre, la cassonade et la cannelle dans un grand bol. Battre le mélange en crème à l'aide d'un fouet électrique, à faible intensité, pendant environ 10 minutes ou jusqu'à ce que le mélange soit parfaitement homogène. Réserver.

**6.** Reprendre la pâte et la rouler pour en faire un rectangle d'environ 40 x 25 cm (16 x 10 po) et le plus mince possible ! Badigeonner la pâte d'une généreuse couche de garniture et parsemer de raisins secs.

**7.** Enrouler la pâte sur elle-même pour former un beau rouleau. Couper l'excédent de pâte aux extrémités. Trancher ensuite le rouleau en 6 à 8 morceaux égaux.

**8.** Dans un moule à gâteau (dans un plat allant au four assez grand), déposer les brioches de façon que le serpentin soit à plat dans le moule. Les disposer en respectant une distance pas trop grande entre chacun. La pâte gonflera encore et les morceaux doivent pouvoir se rejoindre sans être trop tassés.

**9.** Déposer les brioches sur une plaque à biscuits, couvrir d'un linge propre et laisser gonfler dans le four éteint pendant environ 1 heure. Retirer les brioches du four et préchauffer le four à 200°C (400°F).

**10.** Enfourner de nouveau et cuire environ 25 minutes ou jusqu'à ce qu'un cure-dent inséré dans les brioches en ressorte propre.

**11.** Laisser tiédir et garnir d'une généreuse portion de glaçage à la vanille maison (p. 37) ou du commerce.

# Cake au citron
## et aux graines de pavot

Préparation : 15 min   Cuisson : 40 min   Portions : 10 à 12 tranches

- 150 g (⅔ tasse) de beurre non salé
- 3 œufs
- 160 g (¾ tasse) de sucre
- 180 g (1 ¼ tasse) de farine
- 1 c. à café de levure chimique
- 1 pincée de sel
- 1 c. à soupe comble de graines de pavot
- 1 citron (zeste)
- 2 citrons (jus)

**1.** Préchauffer le four à 175 °C (350 °F).

**2.** Faire fondre le beurre au four à micro-ondes. Réserver.

**3.** Dans un grand bol, à l'aide d'une cuillère, d'un fouet électrique ou d'un fouet à main, fouetter les œufs et le sucre jusqu'à ce que le mélange devienne mousseux et double de volume. Ajouter ensuite la farine, la levure chimique, le sel, le beurre ramolli, les graines de pavot, le zeste et le jus de citron. Bien mêler sans toutefois trop mélanger.

**4.** Beurrer et fariner un moule à pain d'environ 23 cm x 13 cm (9 po x 5 po). Verser la pâte dans le moule. Enfourner et cuire environ 40 minutes, ou jusqu'à ce qu'un cure-dent inséré au centre du pain en ressorte complètement propre.

**5.** Démouler et laisser tiédir avant de servir.

Isabel Richer
Comédienne

« En tant qu'orthopédagogue, j'apporte du soutien à des jeunes qui présentent des troubles d'apprentissage. Évidemment, le fait de prendre un bon petit déjeuner ne réglera pas tous ces problèmes, mais chaque enfant sera plus apte à fournir le meilleur de lui-même dans son travail.

« Depuis qu'ils ont la possibilité de déjeuner avant de rentrer en classe, j'observe une grande différence dans la performance des enfants. Grâce au CPDQ, ils ont tous une chance de réussir, peu importe le milieu dont ils sont issus. Et imaginez : pour certains enfants, les petits déjeuners au Club constituent les seules fois, dans la semaine, où ils s'assoient à table avec des proches.... Très précieux ! »

CINDY PALUZZI
ORTHOPÉDAGOGUE
ÉCOLE STE-MARY'S, LONGUEUIL.

# Décadent aux fraises,
## aux pommes et au chocolat

**Préparation :** 15 min    **Cuisson :** 50 à 60 min    **Portions :** 8 à 10 tranches

- 210 g (1 ½ tasse) de farine tout usage
- 60 g (½ tasse) de farine de blé entier
- 40 g (¾ tasse) de flocons d'avoine
- 1 ½ c. à café de levure chimique
- ½ c. à café de bicarbonate de soude
- ¼ c. à café de sel
- 2 œufs
- 115 g (½ tasse) de beurre ramolli
- 150 g (¾ tasse) de sucre
- 1 c. à café de vanille
- 175 ml (¾ tasse) de lait
- 125 g (¾ tasse) de chocolat noir, en morceaux
- 95 g (¾ tasse) de pommes Cortland, pelées et coupées en gros morceaux
- 115 g (¾ tasse) de fraises fraîches ou surgelées, coupées en tranches (il est important de ne pas décongeler les fraises avant de les trancher)

**1.** Préchauffer le four à 175 °C (350 °F).

**2.** Dans un grand bol, mélanger les farines, les flocons d'avoine, la levure chimique, le bicarbonate de soude et le sel. Réserver.

**3.** Dans un petit bol, fouetter les œufs jusqu'à consistance homogène et réserver.

**4.** Dans un troisième bol, battre ensemble le beurre et le sucre. Ajouter les œufs et la vanille et incorporer ensuite aux ingrédients secs en mélangeant bien. Verser graduellement le lait en mélangeant continuellement. Ajouter le chocolat, les pommes et les fraises, en prenant soin de ne pas les écraser.

**5.** Graisser et fariner un moule à pain. Verser le mélange dans le moule et cuire au four de 50 à 60 minutes.

# Muffins aux bananes,
## à la noix de coco et au chocolat

Préparation : 15 min    Cuisson : 25 min    Portions : 6 à 8 muffins

- 140 g (1 tasse) de farine de noix de coco
- 140 g (1 tasse) de farine blanche ou de blé entier
- 2 c. à café de bicarbonate de soude
- 1 c. à café de levure chimique
- 1 c. à café de sel
- 160 ml (⅔ tasse) d'huile de noix de coco
- 105 g (½ tasse) de sucre
- 2 œufs
- 520 g (2 tasses) de bananes mûres, écrasées
- 250 ml (1 tasse) de lait de coco
- 1 c. à café d'essence de vanille
- 50 g (¾ tasse) de noix de coco non sucrée
- 140 g (¾ tasse) de pépites de chocolat au lait

**1.** Préchauffer le four à 175 °C (350 °F).

**2.** Dans un grand bol, mélanger les farines, le bicarbonate de soude, la levure chimique et le sel.

**3.** Dans un autre bol, battre l'huile de noix de coco avec le sucre. Ajouter les œufs, les bananes écrasées, le lait de coco et l'essence de vanille. Mélanger jusqu'à l'obtention d'une pâte homogène.

**4.** Ajouter les ingrédients secs sans trop mélanger. Incorporer la noix de coco et les pépites de chocolat et mélanger délicatement à l'aide d'une cuillère de bois.

**5.** Graisser et fariner un moule à muffins et y répartir la préparation. Cuire au centre du four de 20 à 25 minutes ou jusqu'à ce qu'un cure-dent inséré au centre des muffins en ressorte bien propre.

Nathalie Lambert
Médaillée olympique
en patinage de vitesse

# Muffins aux canneberges,
## aux abricots et aux amandes

Préparation : 10 min   Cuisson : 15 min   Portions : 6 à 8 muffins

- 220 g (1 ½ tasse) de farine de blé
- 115 g (½ tasse) de cassonade
- 1 c. à soupe de levure chimique
- 1 c. à café de bicarbonate de soude
- ¼ c. à café de sel
- 80 g (½ tasse) de canneberges séchées
- 105 g (½ tasse) d'abricots séchés, en petits dés
- 30 g (¼ tasse) d'amandes hachées
- 175 ml (¾ tasse) de lait
- 60 ml (¼ tasse) d'eau
- 60 ml (¼ tasse) d'huile végétale
- 1 c. à café d'essence de vanille

**1.** Préchauffer le four à 175 °C (350 °F).

**2.** Dans un bol, mélanger la farine, la cassonade, la levure chimique, le bicarbonate de soude, le sel, les canneberges, les abricots et les amandes. Ajouter le lait, l'eau, l'huile et lier sans trop mélanger.

**3.** Graisser et fariner un moule à muffins et y répartir le mélange.

**4.** Cuire au centre du four environ 15 minutes, ou jusqu'à ce qu'un cure-dent inséré au centre des muffins en ressorte bien propre.

Paul Houde
Animateur

# Muffins aux pommes,
## aux dattes et aux noix

Préparation : 15 min    Cuisson : 30 min    Portions : 8 à 10 muffins

- 140 g (1 ¼ tasse) de farine d'épeautre
- 45 g (1 tasse) de son de blé
- 1 ½ c. à café de levure chimique
- ½ c. à café de bicarbonate de soude
- 1 pincée de sel de mer
- ¼ c. à café de muscade
- ½ c. à café de cannelle
- 1 œuf
- 2 c. à soupe d'huile de carthame
- 125 ml (½ tasse) de jus d'orange ou de pomme
- 125 ml (½ tasse) de babeurre ou de yogourt nature
- 90 g (½ tasse) de pomme (ou de carotte) râpée
- 115 g (½ tasse) de dattes hachées
- 65 g (½ tasse) de noix hachées
- ½ c. à café de zeste d'orange
- ½ c. à café d'essence d'amande (facultatif)

**1.** Préchauffer le four à 190 °C (375 °F).

**2.** Dans un bol, mélanger la farine, le son de blé, la levure chimique, le bicarbonate de soude, le sel, la muscade et la cannelle. Réserver.

**3.** Dans un autre bol, fouetter ensemble l'œuf, l'huile, le jus et le babeurre. Ajouter la pomme (ou la carotte), les dattes, les noix, le zeste d'orange et l'essence d'amande. Incorporer aux ingrédients secs et mélanger jusqu'à l'obtention d'une pâte humide.

**4.** Huiler et fariner un moule à muffins et y répartir la préparation.

**5.** Enfourner et cuire de 25 à 30 minutes ou jusqu'à ce qu'un cure-dent inséré au centre des muffins en ressorte bien propre.

**6.** Transférer sur une grille et laisser tiédir.

Éric Salvail
Animateur

<< *Nutritive et consistante, cette recette est parfaite pour redonner de l'énergie ou pour remplir un petit bedon, tout simplement !* >>

« À tous les parents, je recommande vivement le Club. C'est notre rôle de faire en sorte que nos enfants bénéficient des meilleures conditions possible pour préparer leur avenir, et ça commence par un bon petit déjeuner!

« Mon fils Brody était très difficile à table : il mangeait de toutes petites portions de très peu de choses. Il éprouvait des difficultés en classe parce que ses besoins alimentaires n'étaient pas comblés. Le Club lui a permis d'apprivoiser la variété dans son assiette et d'apprécier un bon repas.

« Brody était également un enfant excessivement timide et très peu autonome. Au Club, il a commencé à se mêler aux autres et à s'intégrer; il s'est fait des amis. Lui qui ne paraît pas peut maintenant s'exprimer sans gêne. Tous les matins, c'est avec enthousiasme qu'il part pour l'école. C'est un enfant heureux, qui sourit tout le temps. Grâce au Club, il s'est épanoui.

« Quelle différence dans notre vie familiale! Fini le stress, nos matins sont maintenant beaucoup plus calmes. Et je suis assurée que Brody bénéficie d'un bon repas avant d'entrer en classe. »

MÉLINA PEARSON
MAMAN

« L'an dernier, je devais accompagner Brody au Club, commander son déjeuner pour lui, transporter son cabaret et couper sa nourriture. Le Club l'a aidé à se développer non seulement sur le plan moteur, mais aussi socialement. Cette année, il est beaucoup plus autonome. Je suis très fière de sa belle métamorphose! »

JOHANNE LUSSIER
ENSEIGNANTE
ÉCOLE STE-MARY'S, LONGUEUIL.

# Muffins santé
## aux bleuets

Préparation : 10 min   Repos : 10 min   Cuisson : 15 à 22 min   Portions : 6 à 8 muffins

- 120 g (1 tasse) de farine de blé
- 30 g (¼ tasse) de germe de blé
- 1 c. à café de levure chimique
- ½ c. à café de bicarbonate de soude
- ½ c. à café de sel
- 165 g (¾ tasse) de cassonade

- 50 g (1 tasse) de flocons d'avoine
- 250 ml (1 tasse) de babeurre*
- 1 œuf légèrement battu
- 4 c. à soupe de beurre fondu ou de margarine fondue
- 150 g (1 tasse) de bleuets congelés

**1.** Préchauffer le four à 200 °C (400 °F).

**2.** Dans un bol, mettre la farine, le germe de blé, la levure chimique, le bicarbonate de soude, le sel et la cassonade. Bien mélanger, puis réserver.

**3.** Mettre l'avoine et le babeurre dans un grand bol et laisser reposer 10 minutes.

**4.** Ajouter l'œuf au babeurre, puis le beurre et bien mélanger. Incorporer graduellement le mélange aux ingrédients secs et mélanger juste assez pour que les ingrédients soient humides. Ajouter les bleuets et mélanger sommairement.

**5.** Graisser et fariner un moule à muffins. Répartir la préparation dans le moule et cuire au four de 15 à 22 minutes.

>> *Si vous n'avez pas de babeurre, mélanger simplement 250 ml (1 tasse) de lait avec 1 c. à soupe de vinaigre blanc.* >>

# Pain aux bananes
## de luxe

Préparation : 10 min   Repos : 10 min   Cuisson : 45 min   Portions : 10 à 12 tranches

- 210 g (1 ½ tasse) de farine
- 1 c. à café de levure chimique
- 30 g (¼ tasse) de noix (facultatif)
- 35 g (¼ tasse) de raisins secs (facultatif)
- 60 g (⅓ tasse) de pépites de chocolat (facultatif)
- 4 c. à soupe de beurre ramolli
- 210 g (1 tasse) de sucre
- 1 œuf
- 3 bananes mûres, réduites en purée

**1.** Préchauffer le four à 165 °C (325 °F).

**2.** Dans un grand bol, mélanger la farine, la levure chimique, les noix, les raisins et les pépites de chocolat. Réserver.

**3.** Dans un bol, battre le beurre et le sucre. Ajouter l'œuf et fouetter jusqu'à ce que le mélange soit homogène. Incorporer en alternance les bananes en purée et le mélange de farine, de noix et de raisins. Bien mélanger à l'aide d'une cuillère de bois.

**4.** Laisser reposer le mélange environ 10 minutes à la température ambiante.

**5.** Graisser et fariner un moule à pain de 23 x 13 cm (9 x 5 po). Verser le mélange dans le moule et cuire au centre du four pendant environ 45 minutes.

**6.** Laisser tiédir avant de démouler.

Dominic Arpin
Animateur

# Pain aux canneberges

Préparation : 15 min    Cuisson : 1 heure    Portions : 8 à 10 tranches

- 280 g (2 tasses) de farine
- 210 g (1 tasse) de sucre
- 2 c. à café de levure chimique
- 1 c. à café de bicarbonate de soude
- ½ c. à café de sel
- 2 c. à soupe de graisse végétale
- 2 c. à soupe de zeste d'orange
- 95 g (1 tasse) de canneberges fraîches, coupées en deux
- 125 g (1 tasse) de noix hachées
- 80 ml (⅓ tasse) d'eau
- 125 ml (½ tasse) de jus d'orange fraîchement pressé
- 1 œuf

**1.** Préchauffer le four à 175 °C (350 °F).

**2.** Dans un grand bol, mélanger la farine, le sucre, la levure chimique, le bicarbonate de soude et le sel. Incorporer la graisse végétale à l'aide d'un coupe-pâte. Ajouter le zeste d'orange, les canneberges et les noix. Bien mélanger.

**3.** Dans un petit bol, fouetter l'eau, le jus d'orange et l'œuf. Ajouter à la pâte et mélanger juste assez pour bien mouiller les ingrédients secs et les fruits.

**4.** Graisser et fariner un moule à pain de 23 cm x 13 cm (9 po x 5 po).

**5.** Verser le mélange dans le moule et cuire au centre du four environ 1 heure.

Claudette Taillefer
Chroniqueuse et
grand-maman gâteau

# Pain aux courgettes,
## aux pacanes et au zeste d'Oma et de Jo

Préparation : 15 min   Cuisson : 50 min   Portions : 2 pains ou une douzaine de muffins

- 150 g (1 tasse) de raisins secs jaunes (facultatif)
- 420 g (3 tasses) de farine blanche
- ¾ c. à café de levure chimique
- 1 c. à café de bicarbonate de soude
- 1 c. à soupe de cannelle
- 370 g (1 ¾ tasse) de sucre
- 250 ml (1 tasse) d'huile végétale

- 4 œufs battus légèrement
- 1 c. à café d'essence de vanille
- 2 c. à café de zeste de citron
- 100 g (2 tasses) de courgettes non pelées, râpées très finement
- 110 g (1 tasse) de pacanes, une moitié hachée finement, l'autre hachée grossièrement
- Zeste de citron pour garnir

**Glaçage au citron (facultatif)**
- 125 ml (½ tasse) de jus de citron
- 5 c. à soupe de sucre

Josée Lavigueur
Éducatrice physique, auteur et chroniqueuse

**1.** Préchauffer le four à 175 °C (350 °F).

**2.** Graisser deux moules à pain de 23 cm x 13 cm (9 po x 5 po) ou deux plaques de moules à muffins.

**3.** Dans un bol, couvrir les raisins secs d'eau bouillante et laisser gonfler de 5 à 8 minutes. Égoutter et réserver.

**4.** Dans un autre bol, mélanger la farine, la levure chimique, le bicarbonate de soude et la cannelle. Réserver.

**5.** Dans un grand bol, battre le sucre et l'huile végétale. Incorporer les œufs un à un, puis ajouter la vanille, 2 c. à café de zeste de citron et mélanger jusqu'à l'obtention d'une pâte homogène.

**6.** Éponger sommairement les courgettes à l'aide d'un papier absorbant. Ajouter en alternance les courgettes et les ingrédients secs à la pâte. Égoutter les raisins. Incorporer les raisins [avec ou sans l'eau] et les pacanes hachées finement et mélanger délicatement à l'aide d'une cuillère de bois.

**7.** Verser le mélange dans les moules et cuire au centre du four de 45 à 50 minutes ou jusqu'à ce qu'un cure-dent inséré au centre du pain en ressorte propre.

**8.** Déposer sur une grille et laisser tiédir.

**9.** Pendant ce temps, dans une petite casserole, faire chauffer le jus de citron et le sucre à feu moyen jusqu'à ce que de petites bulles se forment. Réduire à feu doux, mélanger et laisser mijoter environ 5 minutes, jusqu'à ce que le mélange devienne sirupeux.

**10.** Retirer du feu et faire couler le mélange sur le dessus des pains ou des muffins. Garnir des zestes et des morceaux de pacanes restants.

<< *Oma, c'est grand-maman en allemand. Et c'est aussi le surnom gentil de ma mère… qui est allemande. C'est une chef extraordinaire ! Comme elle improvise beaucoup, ça n'a, au départ, pas été facile de mettre la main sur la liste des ingrédients de ce gâteau délicieux et incroyablement moelleux. Depuis que j'ai obtenu la précieuse recette, on la fait le plus souvent chez nous sous forme de muffins… qu'on s'arrache en quelques secondes !* >>

# Pain aux épices

Préparation : 30 min    Cuisson : 30 min    Portions : 10 à 12 tranches

- 1 œuf
- 115 g (½ tasse) de cassonade
- 125 ml (½ tasse) de lait
- 2 c. à café de bicarbonate de soude
- 125 ml (½ tasse) de mélasse
- 210 g (1 ½ tasse) de farine
- 1 c. à café de quatre-épices
- 1 c. à café de gingembre en poudre ou de gingembre frais, râpé

- 1 c. à café de cannelle
- 1 c. à café de muscade
- 2 c. à soupe de beurre fondu
- 150 g (1 tasse) de raisins secs

### Glaçage
- 150 g (1 tasse) de sucre glace
- 3 c. à soupe d'eau chaude
- 1 trait de jus de citron, de rhum ou de kirsch, au goût

**1.** Préchauffer le four à 175 °C (350 °F).

**2.** Dans un grand bol, battre l'œuf et la cassonade jusqu'à ce qu'elle soit parfaitement incorporée. Ajouter le lait, 1 c. à café de bicarbonate de soude et bien mélanger.

**3.** Dans le four à micro-ondes, faire chauffer la mélasse environ 30 secondes ou jusqu'à ce qu'elle soit liquide. Ajouter le bicarbonate de soude restant et bien mélanger. Incorporer ensuite au mélange d'œufs et de cassonade. Réserver.

**4.** Dans un bol, tamiser la farine avec les épices. Ajouter graduellement ces ingrédients secs à la préparation liquide et bien mélanger jusqu'à l'obtention d'un mélange onctueux. Incorporer le beurre fondu, les raisins et mélanger encore un peu.

**5.** Beurrer et fariner un moule à pain de 23 cm x 13 cm (9 po x 5 po). Verser la préparation dans le moule et cuire au four environ 30 minutes.

**6.** Pendant ce temps, préparer le glaçage en mettant tous les ingrédients dans un bol. Bien mélanger au fouet à la main jusqu'à l'obtention d'un glaçage lisse et onctueux. (Doubler la recette si vous êtes friand du glaçage !)

**7.** Sortir le pain du four et laisser tiédir avant de le tartiner généreusement de glaçage.

**8.** Ça y est, c'est prêt !

Patrice Bélanger
Comédien

# Scones aux framboises,
## au babeurre et au zeste de citron

Préparation : 15 min   Repos : 30 à 60 min   Cuisson : 20 min   Portions : 8 à 10

- 560 g (4 tasses) de farine
- 1 c. à café de levure chimique
- 1 c. à café de bicarbonate de soude
- 210 g (1 tasse) de sucre
- 300 g (1 ½ tasse) de beurre froid, en cubes
- 2 œufs
- 175 ml (¾ tasse) de babeurre
- Le zeste de ½ citron

- 185 g (1 ½ tasse) de framboises
- 1 blanc d'œuf
- Gros sucre

**Crème au miel et à la cannelle**
- 500 ml (2 tasses) de yogourt grec 0 %
- 65 ml (¼ tasse) de miel liquide
- Sucre, au goût
- Cannelle, au goût

1. Préchauffer le four à 190 °C (375 °F).

2. Dans le bol d'un robot culinaire, mettre la farine, la levure chimique, le bicarbonate et le sucre. Ajouter le beurre et pulser jusqu'à ce que la préparation forme des grumeaux de la grosseur d'un pois.

3. Dans un petit bol, fouetter ensemble les œufs, le babeurre et le zeste de citron. Ajouter d'un coup au mélange de farine et de beurre et pulser un peu.

4. Transférer la préparation dans un grand bol, ajouter les framboises et mêler sans trop mélanger. Couvrir d'une pellicule plastique et réfrigérer de 15 à 30 minutes.

5. Avec les mains, ou l'aide d'un rouleau, étendre la pâte jusqu'à ce qu'elle ait environ 2 cm (¾ po) d'épaisseur. Tapisser une plaque à biscuits de papier parchemin. Découper chaque scone dans la pâte à l'aide d'un emporte-pièce et déposer les morceaux sur la plaque.

6. Remettre les scones au réfrigérateur de 15 à 30 minutes afin qu'ils conservent leur forme conique.

7. Sortir les scones du réfrigérateur, badigeonner de blanc d'œuf et saupoudrer d'un peu de gros sucre. Enfourner et cuire environ 20 minutes.

8. Pendant ce temps, préparer la crème en mélangeant tous les ingrédients dans un bol. (La crème se conservera de 7 à 10 jours au réfrigérateur.)

9. Servir les scones encore tièdes, accompagnés de la crème au miel et à la cannelle.

Mélanie Marchand
Chef-animatrice et
styliste culinaire du projet

# Soufflé au gruyère

Préparation : 10 min    Cuisson : 35 min    Portion : 1

- 75 g (⅓ tasse) de beurre
- 4 c. à soupe de farine de blé entier
- 2 c. à soupe de germe de blé
- 310 ml (1 ¼ tasse) de lait
- 200 g (1 ½ tasse) de gruyère râpé
- 4 jaunes d'œufs
- 4 blancs d'œufs
- Sel

**1.** Préchauffer le four à 175 °C (350 °F).

**2.** Dans une casserole, faire fondre le beurre à feu doux. Ajouter la farine et le germe de blé et bien mélanger. Verser le lait, bien remuer et attendre le premier bouillon.

**3.** Retirer la casserole du feu et ajouter le gruyère pendant que le mélange est encore chaud. Laisser refroidir.

**4.** Ajouter les jaunes d'œufs un à un et bien mélanger. Saler.

**5.** Dans un bol, battre les blancs en neige jusqu'à l'obtention de pics bien fermes. Incorporer délicatement au mélange.

**6.** Beurrer un moule. Verser le mélange dans le moule et cuire au four environ 30 minutes.

**7.** Servir avec de la mélasse ou du sirop de cassis.

Louise Richer
Directrice coquine
de l'École nationale de l'humour

≪ *Avec cette recette, vous avez accès à un petit bout de mon enfance ! Mon papa, dès la fin des années 1950, était déjà avant-gardiste et soucieux de manger «santé». Sa préoccupation presque obsessionnelle a influencé le contenu de nos assiettes et ça ne nous enchantait pas toujours. En revanche, son soufflé au fromage ralliait toute la famille ! Accompagnez-le de mélasse, c'est idéal !* ≫

# les costauds

# Foul mudammas

Préparation : 10 min   Cuisson : 10 min   Portions : 2 à 4

- 4 gousses d'ail, pressées
- 125 ml (½ tasse) de jus de citron, fraîchement pressé
- 1 c. à soupe de cumin moulu
- 1 c. à soupe de paprika
- 1 c. à café de sel
- 2 boîtes de 398 ml (14 oz) chacune de gourganes (ou 1 boîte de gourganes et 1 boîte de pois chiches)
- 3 oignons verts, hachés finement
- 1 tomate moyenne, coupée en dés
- 1 c. à café de poudre de chili (facultatif) (Personnellement, je n'en mets pas.)

**Garnitures et accompagnement**
- Huile d'olive
- Oignon rouge haché finement
- Coriandre fraîche hachée ou persil frais haché
- Pain pita

**1.** Dans un petit bol, mélanger l'ail, le jus de citron, le cumin, le paprika et le sel. Réserver.

**2.** Dans une casserole, mettre les légumineuses avec leur jus et faire mijoter à feu moyen-doux pendant environ 5 minutes. Ajouter les oignons verts et les dés de tomate et cuire encore 2 minutes.

**3.** Avec le dos d'une cuillère, écraser environ la moitié des légumineuses pour épaissir la texture du mélange. Ajouter la préparation d'ail, de jus de citron et d'épices et cuire encore 2 minutes.

**4.** Verser dans un bol à soupe, arroser d'un filet d'huile d'olive, garnir d'oignon rouge et de coriandre fraîche et accompagner de pain pita.

Nadja
Chanteuse

<< *J'adore les gourganes ! Nous en avons beaucoup au Lac-Saint-Jean et nous en faisons une soupe que j'aime tellement ! J'ai découvert le foul mudammas pendant un séjour au Liban. Moi qui croyais que ces délicieuses fèves venaient surtout de mon coin de pays ! Cette recette est originaire de l'Égypte, mais ce petit déjeuner est très répandu au Moyen-Orient et en Afrique. Je l'ai adopté et j'en mange régulièrement ! En plus, c'est une recette qui conviendra parfaitement aux végétariens.* >>

# Deux œufs-bacon…
## déconstruits !

Préparation : 15 min   Cuisson : 10 min   Portions : 2

- 2 œufs
- 4 tranches de bacon
- 4 tiges de ciboulette fraîche
- 100 g (¾ tasse) de fromage râpé (cheddar, emmental ou suisse, au choix)
- Quantité suffisante d'huile d'olive
- Quelques feuilles de basilic frais
- Sel et poivre du moulin

**1.** Dans une petite casserole d'eau bouillante, faire cuire les œufs entiers environ 10 minutes, pour que le blanc et le jaune soient bien pris.

**2.** Pendant ce temps, cuire le bacon au four à micro-ondes environ 2 minutes par tranche ou jusqu'à ce qu'il soit bien croustillant. Couper en petits morceaux. (Pour gagner quelques minutes à cette étape, utiliser du bacon précuit.)

**3.** Écaler les œufs et les couper ensuite en deux sur le sens de la longueur. Réserver les quatre moitiés de jaune et hacher les blancs en petits dés.

**4.** Dans un bol, mélanger les blancs d'œufs, le bacon, la ciboulette et le fromage. Saler, poivrer et arroser d'un filet d'huile d'olive. Mélanger délicatement pour bien lier le tout.

**5.** Répartir le mélange d'œufs dans deux coupes transparentes ou deux verrines et ajouter deux demi-jaunes d'œufs sur le dessus de chaque coupe. Arroser de quelques gouttes d'huile d'olive et décorer de feuilles de basilic, au goût.

**6.** Servir avec une rôtie coupée en 4, sans la croûte !

Richard Turcotte
Animateur

# Œufs bénédictine
## au prosciutto croustillant, sauce hollandaise au pesto rosso

Préparation : 15 min   Cuisson : 10 min   Portions : 2

- 4 fines tranches de prosciutto
- 4 gros œufs
- 1 c. à soupe de vinaigre blanc
- 1 pincée de sel
- 2 tranches épaisses de pain italien
- 2 belles feuilles de basilic

**Sauce hollandaise au pesto rosso**
- 250 ml (1 tasse) de beurre fondu
- 2 jaunes d'œufs
- 2 c. à soupe de jus de citron
- 1 pincée de poivre de Cayenne
- 3 c. à café de pesto rosso
- 60 ml (¼ tasse) d'eau tiède
- Sel et poivre du moulin, au goût

**1.** Dans une grande assiette, déposer les tranches de prosciutto entre deux feuilles de papier absorbant. Cuire au four à micro-ondes environ 2 minutes, jusqu'à ce qu'elles soient bien croustillantes. Réserver.

**2.** Pour préparer la sauce, faire fondre le beurre dans une petite casserole. Une fois le beurre fondu, prélever son écume à l'aide d'une petite cuillère et la jeter. Réserver le beurre fondu.

**3.** Dans un bain-marie, fouetter ensemble les jaunes d'œufs et le jus de citron en chauffant doucement jusqu'à ce que le mélange soit mousseux et légèrement gonflé. Retirer du feu et incorporer le beurre fondu en un mince filet, sans jamais cesser de fouetter et jusqu'à l'obtention d'une belle sauce lisse et onctueuse (à la manière d'une mayonnaise). Ajouter le poivre de Cayenne, saler et poivrer. Incorporer le pesto et mélanger encore un peu. Délayer la sauce avec l'eau tiède, au besoin.

**4.** Casser chaque œuf dans un bol différent et réserver. Remplir une casserole d'eau et faire chauffer jusqu'à ce qu'elle frémisse. Ajouter ensuite le vinaigre et le sel. Faire glisser doucement chaque œuf dans l'eau et cuire environ 3 minutes. Retirer à l'aide d'une écumoire.

**5.** Faire griller le pain. Déposer une tranche au centre de chaque assiette et garnir de prosciutto. Déposer 2 œufs sur chaque tranche de jambon. Napper d'une généreuse portion de sauce et garnir d'une feuille de basilic.

Jean-François Plante
Chef et animateur

# Œufs en nids
## de tomates et de champignons

Préparation : 15 min   Cuisson : 15 min   Portions : 4

- 1 c. à soupe de beurre
- 1 c. à soupe d'huile d'olive
- 227 g (8 oz) de champignons de Paris ou de champignons café, tranchés
- 1 boîte de 796 ml (28 oz) de tomates italiennes entières, hachées en petits dés (à mon avis, les San Marzano sont les meilleures !)

- 8 œufs
- 45 g (½ tasse) de parmesan reggiano, râpé
- 10 olives Kalamata, dénoyautées et coupées en deux
- Quelques feuilles de basilic, taillées en chiffonnade
- Persil plat, haché finement (facultatif)
- Poivre du moulin

**1.** Dans une grande poêle antiadhésive, faire fondre le beurre dans l'huile. Ajouter les champignons et cuire à feu moyen-doux jusqu'à ce qu'ils soient tendres et bien dorés et que l'eau de végétation soit complètement évaporée. Ajouter les tomates et leur jus et chauffer lentement à feu moyen-doux.

**2.** Lorsque le mélange est bien chaud, à l'aide d'une cuillère à soupe, dégager huit espaces dans lesquels insérer les œufs. Casser ensuite délicatement un œuf par espace et les parsemer d'olives. Poivrer et saupoudrer de parmesan, au goût.

**3.** Couvrir et laisser mijoter doucement de 5 à 8 minutes ou jusqu'à ce que les œufs aient atteint la cuisson désirée.

**4.** Ajouter encore un peu de parmesan, garnir de basilic ou de persil et servir immédiatement.

Nicole Martin
Chanteuse

# Œufs pochés au parmesan,
## pommes de terre confites aux herbes et purée d'oignons caramélisés

Préparation : 30 min   Cuisson : 3 h environ   Portions : 4

- 1 échalote française, émincée
- 5 gousses d'ail, entières
- 3 branches de thym frais
- 2 feuilles de laurier
- 2 branches de romarin
- 3 grosses pommes de terre Yukon pelées, en cubes de 1 cm (½ po)
- 500 ml (2 tasses) d'huile d'olive
- 250 ml (1 tasse) de vinaigre balsamique
- 50 g (¼ tasse) de sucre

- 1 c. à soupe de vinaigre blanc
- 4 œufs
- 45 g (½ tasse) de parmesan râpé
- 40 feuilles de roquettes
- 1 échalote française, ciselée
- Sel et poivre

**Purée aux olives noires**
- 160 g (1 tasse) d'olives Kalamata, dénoyautées
- 60 ml (¼ tasse) d'huile d'olive

**Purée d'oignons caramélisés (peut être faite la veille)**
- 4 c. à soupe de beurre
- 2 gros oignons émincés finement
- ½ c. à café de sucre
- 2 branches de thym frais
- 1 feuille de laurier
- 1 branche de romarin frais
- Sel et poivre

Mathieu Cloutier
Chef

1. Préchauffer le four à 120 °C (250 °F).

2. Dans un grand plat allant au four, étaler l'échalote, l'ail et les aromates.

3. Bien éponger les pommes de terre à l'aide d'un papier absorbant et assaisonner. Étaler les pommes de terre sur le lit d'échalotes et couvrir d'huile. Enfourner et cuire à couvert pendant environ 20 minutes ou jusqu'à ce que les pommes de terre soient bien tendres.

4. Mettre le vinaigre balsamique et le sucre dans une petite casserole et porter à ébullition. Faire réduire pendant 30 à 40 minutes ou jusqu'à l'obtention d'environ 80 ml (⅓ tasse) de liquide sirupeux. Retirer du feu et laisser tiédir sur le comptoir.

5. Pour préparer la purée aux olives, mettre les olives, l'huile d'olive et 3 c. à soupe de réduction balsamique dans le bol d'un robot culinaire. Mélanger à vitesse maximale de 1 à 2 minutes, jusqu'à l'obtention d'une belle purée lisse. Réserver.

6. Pour préparer la purée d'oignons, faire fondre 2 c. à soupe de beurre dans une casserole à feu moyen. Ajouter les oignons, le sucre et les aromates. Saler et poivrer. Réduire le feu et cuire à feu doux pendant environ 2 heures. (Lorsque les oignons caramélisent et commencent à coller, ajouter 60 ml [¼ tasse] d'eau et bien mélanger) À l'aide d'un pied-mélangeur, réduire les oignons en purée. Retirer la casserole du feu. Ajouter le reste du beurre et bien incorporer avec le pied-mélangeur. Saler et poivrer. Réserver.

7. Remplir les trois quarts d'une casserole d'eau. Ajouter le vinaigre blanc et un peu de sel et faire chauffer jusqu'à ce que l'eau frémisse. Casser les œufs un à un dans l'eau et laisser cuire de 3 à 4 minutes. Retirer les œufs de l'eau à l'aide d'une écumoire et les éponger délicatement avec un papier absorbant. Saupoudrer de parmesan.

8. Dans un bol, mélanger la roquette et l'échalote ciselée. Saler et poivrer.

9. Déposer un emporte-pièce dans une assiette. Remplir l'emporte-pièce de pommes de terre et presser délicatement pour qu'elles en épousent bien la forme. Surmonter de purée d'oignons, d'un peu de salade de roquette et d'un œuf au parmesan.

10. Retirer délicatement l'emporte-pièce et décorer d'une petite touche de purée aux olives.

11. Répéter les opérations pour les trois autres assiettes.

# Omelette à la grecque

Préparation : 5 min   Cuisson : 7 à 8 min   Portions : 2

- 4 œufs
- 2 c. à soupe de lait
- 2 c. à café de beurre
- 1 grosse tomate, en petits dés
- 2 oignons verts finement ciselés
- 40 g (¼ tasse) de fromage féta grec, en petits dés
- Origan séché, au goût
- Fleur de sel et poivre du moulin

**1.** Dans un bol, battre les œufs et le lait. Saler et poivrer, au goût.

**2.** Dans une poêle antiadhésive, faire fondre le beurre à feu moyen. Lorsque la poêle est bien chaude, y verser le mélange d'œufs et cuire de 3 à 4 minutes, ou jusqu'à ce que les œufs soient pris, mais que le centre soit encore baveux.

**3.** Parsemer de tomates, d'oignons verts, de féta et d'origan et refermer l'omelette sur elle-même. Laisser cuire encore un peu afin que la garniture soit bien chaude.

**4.** Servir immédiatement dans deux assiettes avec un bon morceau de pain.

Julie St-Pierre
Animatrice

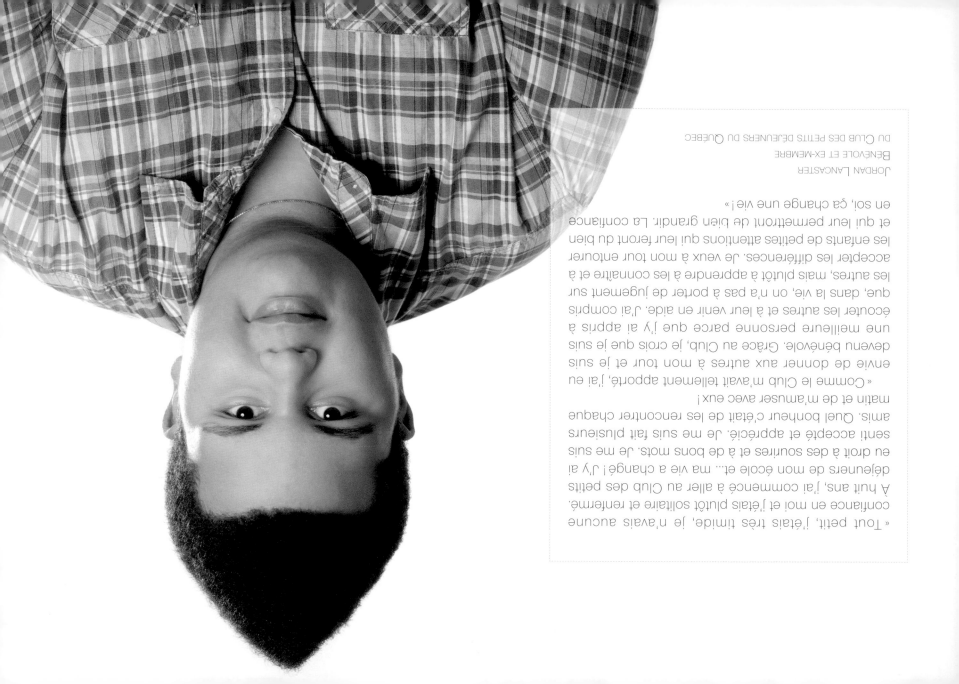

« Tout petit, j'étais très timide, je n'avais aucune confiance en moi et j'étais plutôt solitaire et renfermé. À huit ans, j'ai commencé à aller au Club des petits déjeuners de mon école et... ma vie a changé ! J'y ai eu droit à des sourires et à de bons mots. Je me suis senti accepté et apprécié. Je me suis fait plusieurs amis. Quel bonheur c'était de les rencontrer chaque matin et de m'amuser avec eux !

« Comme le Club m'avait tellement apporté, j'ai eu envie de donner aux autres à mon tour et je suis devenu bénévole. Grâce au Club, je crois que je suis une meilleure personne parce que j'y ai appris à écouter les autres et à leur venir en aide. J'ai compris que, dans la vie, on n'a pas à porter de jugement sur les autres, mais plutôt à apprendre à les connaître et à accepter les différences. Je veux à mon tour entourer les enfants de petites attentions qui leur feront du bien et qui leur permettront de bien grandir. La confiance en soi, ça change une vie ! »

JORDAN LANCASTER
BÉNÉVOLE ET EX-MEMBRE
DU CLUB DES PETITS DÉJEUNERS DU QUÉBEC

# Omelette aux poivrons,
## aux champignons grillés et au Saint-Paulin fondant

Préparation : 10 min    Cuisson : 7 à 8 min    Portion : 1 omelette

- 1 ½ c. à soupe d'huile d'olive
- ½ poivron rouge, coupé en lanières
- 3 champignons blancs, tranchés
- 3 œufs
- 2 c. à soupe de lait ou de crème à cuisson

- 2 tranches de Saint-Paulin d'environ 0,5 cm (¼ po) d'épaisseur (ou au goût)
- Poivre et fleur de sel
- 3 branches de ciboulette (facultatif)

**1.** Faire chauffer la moitié de l'huile d'olive dans un poêlon à feu moyen-vif. Lorsque l'huile est chaude, mettre les lanières de poivron et cuire jusqu'à ce qu'elles commencent à colorer. Ajouter les champignons et faire griller quelques minutes. Réserver au chaud dans une assiette.

**2.** Dans un bol, battre les œufs et le lait (ou la crème) jusqu'à l'obtention d'un mélange homogène. Saler et poivrer, au goût.

**3.** Faire chauffer le reste de l'huile à feu moyen dans une poêle d'environ 25 cm (10 po) de diamètre. Verser le mélange dans la poêle et laisser cuire jusqu'à ce que les œufs aient suffisamment pris et que des bulles se forment à la surface.

**4.** Déposer les légumes sur une moitié de l'omelette, puis ajouter le fromage. Replier l'omelette sur elle-même et laisser cuire encore un peu pour que le fromage ait le temps de fondre.

**5.** Déposer dans une assiette et décorer de branches de ciboulette. Un vrai régal !

# Omelette baveuse
## au jambon et à la ciboulette

Préparation : 5 min    Cuisson : 5 à 10 min    Portion : 1

- 3 œufs
- 2 c. à soupe de crème 35 %
- 3 c. à soupe de ciboulette fraîche, hachée finement
- 1 c. à soupe de beurre
- 1 belle tranche de jambon, en petits morceaux
- ½ c. à café de sel
- 1 c. à café de poivre
- 3 branches de ciboulette fraîche, entières
- Fleur de sel

**1.** Battre les œufs et la crème dans un grand bol. Ajouter la ciboulette et battre encore un peu. Saler, poivrer et bien mélanger.

**2.** Dans une poêle antiadhésive, faire fondre le beurre. Ajouter le jambon et faire cuire jusqu'à ce qu'il soit bien doré.

**3.** Verser la préparation d'œufs sur le jambon. Cuire quelques minutes à feu moyen jusqu'à ce que l'omelette soit prise, mais que son centre soit bien baveux.

**4.** Déposer dans une assiette, décorer de branches de ciboulette et saupoudrer ce délice d'une pincée de fleur de sel !

Marina Orsini
Comédienne et animatrice

« *Ici, tout est dans la simplicité… et dans le doigté ! Parce que, mine de rien, ce n'est pas donné à tout le monde de réussir une omelette bien baveuse !* »

# Omelette blanche
## aux asperges et au jambon

Préparation : 10 min   Cuisson : 5 min   Portion : 1

- 1 c. à café d'huile de noix de coco sans arôme
- 80 ml (⅓ tasse) de blancs d'œufs, battus légèrement
- Sel d'oignon (au goût)
- 5 poivres du moulin (au goût)
- 3 ou 4 asperges, blanchies et émincées ou entières
- 2 tranches de jambon maigre, en lanières
- 50 g (⅓ tasse) de fromage cheddar râpé

**1.** Dans une poêle antiadhésive, faire chauffer l'huile à feu moyen. Ajouter les blancs d'œufs et les faire cuire jusqu'à ce qu'ils deviennent complètement opaques. Assaisonner avec le sel d'oignon et le poivre.

**2.** Ajouter les asperges, le jambon et le fromage et refermer l'omelette sur elle-même. Cuire encore un peu pour faire fondre le fromage et servir bien chaud.

Marie-Chantal Toupin
Chanteuse

« *Pour compléter, j'accompagne toujours mon omelette de quelques tranches de bacon, de rôties sans sel ni sucre ajouté et d'un petit bol de compote de pommes… sans sucre ! Bon appétit !* »

# Omelettes italiennes

Préparation : 10 min    Trempage : 20 min    Cuisson : 10 à 15 min    Portions : 4 omelettes

- 20 g (¾ oz) de champignons bolets séchés
- 1 c. à café de beurre
- 1 c. à café d'huile d'olive
- 8 œufs
- 4 c. à soupe de fromage parmesan râpé
- 4 c. à soupe de lait
- 1 c. à soupe de persil haché finement
- 1 c. à soupe de ciboulette hachée finement
- Beurre
- 8 tranches de prosciutto cotto, ou plus
- 8 tranches de fromage Fontina, ou plus
- Sel et poivre

**1.** Dans un bol, faire tremper les champignons dans l'eau tiède environ 20 minutes pour les réhydrater. Égoutter.

**2.** Dans une sauteuse, chauffer le beurre et l'huile d'olive et y faire revenir les champignons 5 minutes. Saler et poivrer. Réserver.

**3.** Dans un grand bol, battre les œufs, le parmesan, le lait, le persil et la ciboulette. Poivrer et bien mélanger le tout.

**4.** Faire chauffer un peu de beurre dans une petite poêle antiadhésive de 24 cm (9 po) de diamètre et y verser le quart du mélange. Cuire à feu moyen jusqu'à ce que l'omelette soit presque entièrement figée.

**5.** Déposer deux tranches de prosciutto, deux tranches de Fontina et le quart des champignons sur une moitié de l'omelette. Replier immédiatement l'omelette sur elle-même et cuire 2 minutes supplémentaires de chaque côté.

**6.** Répéter les opérations pour la cuisson des trois autres omelettes et servir.

Stefano Faita
Chef et animateur

« L'implantation du Club des petits déjeuners du Québec (CPDQ) a apporté de beaux changements dans
notre école. Dorénavant, les enfants arrivent en classe
avec le sourire et sont beaucoup plus aptes à apprendre. Quel plus grand plaisir, pour un enseignant
que d'avoir devant lui une classe d'enfants motivés !

« Déjeuner au Club, c'est aussi une occasion formi-
dable pour les enfants de tisser des liens entre eux et
avec les adultes bénévoles. Bien souvent, les parents
sont pressés le matin et poussent les enfants à se dé-
pêcher. Le fait de manger tranquillement au CPDQ,
en bonne compagnie, apparaît comme une bouffée
d'air frais dans ces petits matins bousculés !

« Le Club des petits déjeuners du Québec nourrit
l'avenir de milliers d'enfants ! »

SOPHIE COMPAGNA
DIRECTRICE
ÉCOLE STE-MARY'S, LONGUEUIL

# Quiche au fromage
## de chèvre et aux champignons

**Préparation :** 10 min   **Cuisson :** 45 min   **Portions :** 2 quiches

- 4 œufs
- 250 ml (1 tasse) de lait
- 250 ml (1 tasse) de crème 35 %
- Muscade, au goût
- 6 tranches de bacon, en petites lanières
- 2 oignons verts, émincés

- 85 g (1 tasse) de champignons, tranchés
- 150 g (1 tasse) de fromage de chèvre, émietté
- 2 abaisses de pâte brisée, précuites
- Sel et poivre du moulin

**1.** Préchauffer le four à 200 °C (400 °F).

**2.** Battre les œufs dans un bol. Ajouter le lait, la crème et la muscade, et bien mélanger. Saler et poivrer, au goût. Réserver.

**3.** Dans une poêle antiadhésive, faire cuire le bacon jusqu'à ce qu'il soit presque prêt. Ajouter les oignons verts et les champignons, et cuire 1 à 2 minutes. Égoutter le gras et répartir également dans les abaisses.

**4.** Parsemer de fromage et couvrir chaque abaisse de la moitié du mélange d'œufs.

**5.** Enfourner et cuire environ 25 minutes. Réduire la température à 165 °C (325 °F) et poursuivre la cuisson environ 15 minutes.

« *Une recette absolument parfaite pour le brunch !* »

# les tartinades
## gourmandes

# Confiture de fraises

Préparation : 15 min   Cuisson : 15 à 20 min   Portions : 6 pots de 500 ml

- 2 kg (13 tasses) de fraises fraîches, lavées, équeutées et coupées en morceaux

- 175 ml (¾ tasse) d'eau
- 2,2 lb (6 tasses) de sucre
- 6 pots Mason, stérilisés

**1.** Mettre les fraises, l'eau et le sucre dans un grand chaudron. (Le chaudron doit être assez grand pour n'être rempli qu'à moitié afin d'éviter les débordements quand la préparation sera en ébullition.)

**2.** Laisser bouillir à feu doux 150 °C (300 °F) de 15 à 20 minutes en surveillant pour éviter les débordements. Retirer l'écume (mousse rougeâtre) à mesure qu'elle se forme et la jeter.

**3.** Laisser refroidir complètement avant de répartir dans les pots.

Dominique Michel
Comédienne

# Confiture de raisins,
## de rhubarbe et de noix

Préparation : 5 min   Pause : 30 min   Cuisson : 45 à 50 min   Portions : 6 pots de 250 ml

- 875 g (7 tasses) de rhubarbe, en dés
- 250 g (1 ½ tasse) de raisins secs
- 735 g (3 ½ tasses) de sucre
- 1 orange (zeste et jus)
- 70 g (½ tasse) de noix de Grenoble, hachées

**1.** Dans une grande casserole, mettre la rhubarbe, les raisins, le sucre, le zeste et le jus d'orange. Bien mélanger et laisser reposer pendant environ 30 minutes.

**2.** Amener à ébullition et laisser mijoter environ 40 minutes en prenant soin de remuer régulièrement.

**3.** Ajouter les noix et laisser mijoter encore de 5 à 10 minutes, ou jusqu'à l'obtention d'une belle consistance de confiture.

Mario Pelchat
Chanteur

*« Cette recette me vient de ma tante Claire. Comme il n'y a aucun doute sur le fait que vos invités en redemanderont, vaut mieux prévoir le coup et doubler la recette pour en avoir quelques pots en réserve ! »*

# Confiture fraises-pommes
## parfumée à la cannelle et à la vanille

Préparation : 15 min    Cuisson : 1 h    Portions : environ 6 pots de 500 ml

- 620 g (4 tasses) de fraises fraîches, lavées, équeutées et coupées en tranches d'environ 0,5 cm (¼ po)
- 300 g (2 tasses) de pommes Cortland, pelées et coupées en morceaux
- 300 g (1 ½ tasse) de sucre
- 175 ml (¾ tasse) d'eau
- 1 c. à soupe de jus de citron frais
- 1 gousse de vanille
- 1 bâton de cannelle

**1.** Mettre tous les ingrédients dans un grand chaudron. Laisser mijoter à feu doux environ 1 heure ou jusqu'à consistance désirée.

**2.** Retirer le bâton de cannelle et la gousse de vanille.

**3.** Servir la confiture chaude ou froide, au goût.

Marie-Ève Janvier
Chanteuse

# Cretons de canard
## aux pommes et au cidre de glace

Préparation : 15 min    Cuisson : 50 à 60 min    Portions : 2 x 500 ml (2 tasses)

- 450 g (1 lb) de porc haché
- 2 oignons, hachés finement
- 1 échalote, ciselée finement
- 2 cubes d'ail congelés ou 2 petites gousses d'ail hachées finement
- 2 cuisses de canard confites, effilochées
- 60 ml (¼ tasse) de cidre de glace
- 125 ml (½ tasse) de jus de pomme
- 125 ml (½ tasse) d'eau
- 1 pomme de terre, pelée et râpée
- ½ pomme, évidée, pelée et râpée
- 1 c. à café de sel
- ½ c. à café de poivre
- ½ à 1 c. à café de cannelle
- ½ à 1 c. à café de piment de la Jamaïque (*all spice*)
- Sarriette moulue, au goût
- 2 c. à soupe de cidre de glace

**1.** Dans une marmite à fond épais, cuire le porc à feu moyen-élevé, en défaisant la viande avec une cuillère de bois, jusqu'à ce qu'il soit bien cuit.

**2.** Ajouter les oignons, l'échalote et l'ail et cuire de 2 à 3 minutes. Ajouter le canard, bien mélanger et cuire encore de 2 à 3 minutes.

**3.** Déglacer avec le cidre de glace, puis verser le jus de pomme et l'eau. Ajouter la pomme de terre et la pomme, et bien mélanger. Incorporer les épices et mélanger encore.

**4.** Réduire le feu, couvrir et laisser mijoter doucement de 35 à 45 minutes. Retirer du feu, ajouter 2 c. à soupe de cidre de glace et laisser tiédir avant de transférer dans des ramequins ou de petites cocottes.

**5.** Tartiner généreusement des rôties, une tranche de pain frais ou des craquelins. C'est tellement bon !

Jean-Luc Mongrain
Animateur

# Ganache au chocolat
## noir et aux épiccs

Préparation : 5 min    Cuisson : 5 à 8 min    Portions : 250 ml (1 tasse)

- 250 g (9 oz) de chocolat noir 50 %
- 250 ml (1 tasse) de crème 35 %

- ½ à 1 c. à café de cannelle moulue
- ½ à 1 c. à café de muscade moulue
- 1 pincée de fleur de sel

**1.** Mettre le chocolat dans un grand bol. Réserver.

**2.** Faire chauffer la crème dans une casserole. Dès qu'elle se met à bouillonner, retirer du feu et verser sur le chocolat. Bien mélanger jusqu'à ce que le chocolat soit fondu. Ajouter les épices et bien mélanger à nouveau.

**3.** Transvider dans des pots hermétiques.

Brigitte Boisjoli
Chanteuse

<< *Les gourmands peuvent ajouter des noix, du beurre d'arachide ou de la noix de coco pour donner une touche personnelle à la tartinade. Elle se conserve de 1 à 2 semaines au réfrigérateur, alors pourquoi s'en priver !* >>

« Il y a quelques mois, j'avais dans mon équipe quatre jeunes bénévoles. Chaque matin, un jeune garçon, Vincent, venait s'asseoir sur un banc, à côté de la porte de la cuisine. Tout seul, la tête basse, il écoutait jacasser mon joyeux quatuor. Un matin, il est venu me demander s'il pouvait lui aussi faire du bénévolat. Nous l'avons accueilli à bras ouverts.

« Depuis, Vincent nous rejoint tous les matins, heureux de faire partie d'un groupe. Ces cinq-là ont hâte de se retrouver le lundi pour se raconter leur fin de semaine. Ils partagent leurs joies, leurs peines, leurs expériences. Ils se taquinent beaucoup aussi, évidemment !

« Ils ont développé une merveilleuse complicité. Assurément, au CPDQ, ils ne font pas que laver la vaisselle et je sais que cette expérience de travail fera une différence dans leur vie.

« J'entends souvent dire que les jeunes sont nombrilistes et paresseux. Moi, ce n'est pas du tout ce que je vois tous les matins. Mes cinq beaux bénévoles viennent pour se retrouver, se confier et partager leur temps et leur énergie avec les autres. Je les vois devenir de jeunes adultes équilibrés, généreux et qui se soucient des autres.

« Ces jeunes-là sont pour moi des exemples à suivre ! Ils m'apprennent et m'apportent beaucoup plus que je ne pourrai jamais leur donner. »

Diane Thériault
Responsable
Club des petits déjeuners du Québec

# Tartinade à l'érable

Préparation : 5 min   Cuisson : 3 min   Portions : 500 ml

- 125 ml (½ tasse) de sirop d'érable
- 125 ml (½ tasse) de crème 35 %
- 1 jaune d'œuf

- 1 ½ c. à soupe de fécule de maïs diluée dans 1 ½ c. à soupe d'eau
- ½ c. à café d'essence d'érable (facultatif)

**1.** Mettre tous les ingrédients dans une casserole à fond épais et porter à ébullition. Laisser mijoter environ 3 minutes en remuant constamment, jusqu'à ce que le mélange ait épaissi et atteint la consistance désirée.

**2.** Laisser tiédir et conserver au réfrigérateur.

# Tartinade aux kiwis
## et à l'orange

Préparation : 15 min   Cuisson : 5 à 6 min   Portions : 500 ml

- 6 ou 7 kiwis, pelés et coupés en cubes
- 175 ml (¾ tasse) d'eau
- 520 g (2 tasses) de suprêmes d'orange
- 2 c. à soupe de sucre
- 1 c. à soupe de gélatine

**1.** Mettre les kiwis dans un chaudron moyen. Ajouter l'eau, amener à ébullition et laisser mijoter environ 3 minutes à feu moyen-fort. Ajouter les oranges, le sucre et mélanger. Poursuivre la cuisson environ 2 minutes, puis ajouter la gélatine et bien mélanger.

**2.** Verser la préparation dans le bol du mélangeur et pulser jusqu'à l'obtention de la texture désirée. (C'est délicieux quand il reste de bons morceaux !)

**3.** Laisser tiédir, puis transvider dans un contenant hermétique et réfrigérer toute la nuit.

**4.** Servir froid sur un pain aux noix avec un bon morceau de vieux cheddar.

Isabelle Charest
Médaillée olympique en patinage de vitesse

# les assemblés

« Le Club des petits déjeuners du Québec (CPDQ), dans une école, c'est une affaire d'équipe : directeur, éducateur, psycho-éducateur, technicien en loisirs, enseignants. Tout le monde agit sur une base volontaire et la hiérarchie s'estompe.

« Moi, je m'engage à essuyer la vaisselle avec les enfants. C'est tout simple, mais c'est un moyen privilégié d'entrer en contact avec mes élèves et de travailler avec mon personnel dans un cadre autre que scolaire. On est ensemble, on a à du plaisir, on se taquine. On apprend tous à mieux se connaître et les adultes, tout comme les élèves, en retirent de grands bienfaits et beaucoup de plaisir. C'est gagnant-gagnant !

« Les jeunes de mon école ont de la difficulté à créer des liens avec les adultes. Le CPDQ les aide à entrer en relation et à leur apprend à faire confiance. De jour en jour, on sent bien cette complicité qui se développe entre le personnel et les enfants.

« C'est comme la vraie vie de famille, mais disons, une famille élargie ! Prendre le temps de déjeuner à la maison, c'est s'asseoir à table, jaser, bien se nourrir. En bien, c'est ce que les enfants trouvent au CPDQ parce que, trop souvent malheureusement, chez eux, il n'y a pas grand-chose dans le frigo et beaucoup de solitude.

« Ici, ils sont accueillis avec le sourire, ils passent du bon temps avec leurs amis et profitent d'un bon repas. Le petit déjeuner redevient ce qu'il devrait être : un moment chaleureux et privilégié qui se déroule dans la bonne humeur et la convivialité. »

CLAUDE MOULIN
DIRECTEUR
ÉCOLE DE LA LANCÉE ET ANNEXE ACCÈS EST, MONTRÉAL

# Bagel des dieux

Préparation : 5 min    Cuisson : 4 min    Portion : 1

- Beurre
- 1 œuf
- 1 bagel, coupé en deux
- Fromage Caprices des Dieux
- 3 belles tranches de saumon fumé
- Rondelles de cornichons à l'aneth
- Poivre du moulin

**1.** Faire fondre un peu de beurre dans une poêle antiadhésive et cuire l'œuf environ 2 minutes de chaque côté.

**2.** Pendant ce temps, faire rôtir le bagel au grille-pain.

**3.** Badigeonner généreusement de fromage une des deux moitiés du bagel. Ajouter l'œuf, les tranches de saumon fumé, les rondelles de cornichons et poivrer généreusement. Refermer le bagel et déguster !

# Bagel royal

Préparation : 15 min   Cuisson : 2 ou 3 min   Portion : 1

- 1 bagel, de préférence aux graines de sésame
- 2 c. à soupe de mascarpone ou de fromage à la crème
- 2 c. à soupe de yogourt nature
- 3 câprons, coupés en petits dés
- 2 c. à soupe d'échalote, hachée très finement
- 1 c. à café de baies roses, grossièrement écrasées

- 4 fines tranches de saumon fumé
- 1 c. à café de beurre
- 2 œufs de caille
- 1 c. à café comble d'œufs de saumon frais
- 1 petite poignée de laitue frisée ou de cressonnette marocaine
- 1 tomate cerise, coupée en deux
- Quelques gouttes de jus de citron, vert ou jaune
- 1 c. à café d'huile d'olive extra-vierge

Guy Fournier
Auteur

**1.** Couper le bagel à plat en deux parties égales et faire griller légèrement dans un grille-pain. Réserver.

**2.** Dans un petit bol, mélanger le fromage et le yogourt à la fourchette. Ajouter les câprons, l'échalote et la moitié des baies roses.

**3.** Déposer les deux tranches de bagel dans une grande assiette et badigeonner généreusement du mélange de fromage et de yogourt, en prenant soin de remplir aussi le trou du bagel.

**4.** Déposer deux tranches de saumon fumé sur chaque moitié de bagel en épousant le mieux possible la forme du pain. (Ces opérations peuvent être faites jusqu'à 1 h avant de servir si l'assiette est laissée au frais ou que la température de la pièce ne dépasse pas 20 °C [68 °F]).

**5.** Dans une poêle à blinis, faire fondre le beurre et cuire les œufs de caille au miroir, un à un, de 2 à 3 minutes. (Si vous n'avez pas de poêle à blinis, utiliser une poêle antiadhésive. Déposer un emporte-pièce un peu plus petit que le bagel au centre de la poêle. Faire fondre le beurre et faire cuire l'œuf au centre de l'emporte-pièce.)

**6.** Déposer un œuf sur chaque moitié de bagel et parsemer le blanc des œufs avec des œufs de saumon.

**7.** Déposer la laitue dans l'assiette et y nicher la tomate cerise. Arroser d'un peu de jus de citron et de quelques gouttes d'huile d'olive, puis parsemer du reste des baies roses.

<< *Servir au brunch de Pâques, du jour de l'An ou de Noël, avec un verre de bourgogne aligoté ou de chardonnay bien frais ! C'est goûteux et inusité !* >>

# Burger déjeuner
## au porc, au bacon et
## aux oignons caramélisés

Préparation : 5 min   Cuisson : 10 à 12 min   Portion : 1

- 1 muffin anglais
- Noix de beurre
- 4 tranches de rôti de porc, coupées en très fines lanières
- 3 tranches de bacon
- Un peu de moutarde (forte ou douce)
- 1 petit oignon espagnol, tranché finement
- 2 c. à soupe de fromage Monterey Jack râpé
- Accompagnement : fruits, au choix

**1.** Couper le muffin en deux et beurrer les deux faces extérieures. Dans une poêle, faire dorer l'extérieur du muffin et réserver dans une assiette.

**2.** Dans la même poêle, faire dorer les tranches de rôti et réserver.

**3.** Toujours dans la même poêle, faire cuire le bacon jusqu'à ce qu'il soit bien croustillant. Réserver. Retirer le gras de la poêle et y faire revenir l'oignon jusqu'à ce qu'il soit bien caramélisé. Ajouter le porc et continuer la cuisson 1 ou 2 minutes.

**4.** Pendant ce temps, badigeonner l'intérieur du muffin de moutarde. Garnir du mélange porc-oignon, de fromage et de bacon et refermer en sandwich.

**5.** Placer au four à micro-ondes et cuire environ 20 secondes pour faire fondre le fromage.

**6.** Servir accompagné de vos fruits préférés.

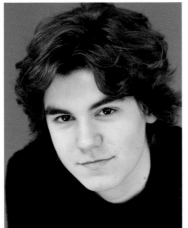

Raphaël Grenier-Benoît
Comédien

*« C'est costaud ! Pour moi, c'est une très bonne façon de commencer la journée. Comme je ne prends pas le temps de préparer ce sandwich la semaine, avoir le plaisir d'en dévorer un les dimanches rend ces journées encore plus spéciales. J'espère que vous l'aimerez autant que moi ! Bon appétit ! »*

# Burrito du matin

Préparation : 15 min    Cuisson : 8 à 12 min    Portions : 4

- 4 œufs
- 2 c. à soupe de lait
- 1 c. à soupe d'huile (l'huile d'olive fait très bien l'affaire, mais les Mexicains utilisent beaucoup l'huile de maïs)
- ½ petit oignon, haché finement
- ¼ de poivron vert, en petits dés
- ¼ de poivron rouge, en petits dés

- 45 g (¼ tasse) de jambon, en petits dés
- 4 grandes tortillas
- 60 g (½ tasse) de fromage Monterey Jack, râpé
- piment habanero finement haché au goût (ou 1 pincée de poivre de Cayenne)
- Sel de mer, au goût

**1.** Dans un bol, battre légèrement les œufs avec le lait.

**2.** Dans une grande poêle, faire chauffer l'huile à feu moyen-élevé et faire revenir les légumes et le jambon de 3 à 4 minutes.

**3.** Ajouter le mélange œufs-lait et cuire quelques minutes en remuant régulièrement. Saler.

**4.** Placer les tortillas dans une grande assiette et faire chauffer environ 20 secondes au four à micro-ondes ou quelques minutes au four.

**5.** Répartir la préparation d'œufs, de légumes et de jambon également entre les 4 tortillas, couvrir de fromage et parsemer de piment ou saupoudrer de poivre de Cayenne.

**6.** Rouler les tortillas sur elles-mêmes et dévorer immédiatement !

Jonathan Painchaud
Chanteur

>> *Cette recette est inspirée de mes voyages de plongée. On peut également y ajouter du riz ou des haricots frijoles pour une saveur et une texture encore plus typiques. La puissance du piment habanero peut varier énormément. Son contenu en capsaïcine, le «feu» du piment, change en fonction du temps de l'année, du lieu d'origine, de la variété et de bien d'autres facteurs encore. Certains lui préfèrent donc le poivre de Cayenne, qui est plus constant.* >>

# Croque-gaufre minute

Préparation : 5 min   Cuisson : 5 min   Portion : 1

- 3 tranches de bacon
- Noix de beurre
- 1 œuf
- 1 gaufre du commerce (personnellement, j'utilise une gaufre congelée)
- 1 tranche de fromage emmental ou suisse
- 1 tranche de tomate

**1.** Préchauffer le four à 200 °C (400 °F).
Faire cuire le bacon dans la poêle ou au four à micro-ondes jusqu'à ce qu'il soit bien croustillant.

**2.** Pendant ce temps, faire griller la gaufre au grille-pain. Badigeonner de beurre la gaufre chaude. Ajouter ensuite le fromage et la tomate.

**3.** Placer la gaufre dans une petite assiette allant au four et enfourner quelques minutes jusqu'à ce que le fromage soit fondu et bien doré.

**4.** Pendant ce temps, faire fondre un peu de beurre dans une poêle antiadhésive. Casser l'œuf dans la poêle, crever le jaune et cuire quelques minutes pour que l'œuf soit bien ferme.

**5.** Retirer la gaufre du four et surmonter des tranches de bacon et de l'œuf !

José Gaudet
Humoriste et animateur

93

# Croque-monsieur
## au saumon fumé, au Comtomme et au basilic

Préparation : 15 min   Cuisson : 15 min   Portions : 4

- 4 tranches épaisses de pain 9 céréales
- 8 tranches fines de saumon fumé
- 2 tomates jaunes, tranchées
- 85 g (¾ tasse) de fromage Comtomme, râpé (de la fromagerie la Station, à Compton, mon village natal !)
- 215 g (2 tasses) de mâche
- Huile d'olive
- 125 ml (½ tasse) de tempura en flocons

**Mayonnaise au basilic**
- 1 jaune d'œuf
- 1 c. à café de moutarde de Dijon
- ½ gousse d'ail, hachée très finement
- ½ c. à café de basilic séché
- 12 feuilles de basilic frais, hachées finement
- 3 c. à café d'huile d'olive extra-vierge
- Sel et poivre

**1.** Préchauffer le four à 190 °C (375 °F) et huiler une plaque à biscuits.

**2.** Pour préparer la mayonnaise, mélanger dans un bol moyen le jaune d'œuf, la moutarde, l'ail et le basilic séché. Saler et poivrer. Ajouter environ ⅓ de l'huile en un mince filet en fouettant sans arrêt. Quand la mayonnaise commence à prendre, verser le reste de l'huile, toujours en un mince filet et en fouettant sans cesse. Ajouter le basilic frais, rectifier l'assaisonnement et mélanger délicatement.

**3.** Déposer les tranches de pain sur la plaque à biscuits et badigeonner généreusement de mayonnaise au basilic. Déposer deux tranches de saumon fumé sur chaque tranche de pain, ajouter des tranches de tomates et parsemer de fromage râpé.

**4.** Cuire au centre du four environ 15 minutes, ou jusqu'à ce que le fromage soit bien fondu et légèrement doré.

**5.** Pendant ce temps, dans un bol, touiller la mâche avec un peu d'huile d'olive. Ajouter quelques morceaux de tempura et servir avec les croque-monsieur !

Philippe Lapeyrie
Sommelier, enseignant en sommellerie et chroniqueur en vin

# Grilled-cheese
## aux pommes et au fromage

Préparation : 5 min   Cuisson : 10 à 15 min   Portion : 1 Noix de beurre

- 2 tranches de pain de ménage
- 1 belle grande tranche de fromage emmental ou suisse
- ½ grosse pomme, pelée et tranchée (on peut garder la pelure si l'on préfère)
- 2 noix grillées et concassées (noix de Grenoble, noisettes, pacanes, au choix !)

**1.** Préchauffer le four à 220 °C (425 °F).

**2.** Beurrer légèrement chaque tranche de pain des deux côtés.

**3.** Étaler les tranches de pommes sur l'une des tranches de pain. Ajouter le fromage, les noix et couvrir de la seconde tranche.

**4.** Déposer dans une petite assiette en aluminium ou sur du papier parchemin.

**5.** Enfourner et cuire de 10 à 15 minutes, jusqu'à ce que le pain soit bien doré et que le fromage soit complètement fondu.

Luc Langevin
Magicien

*« Un petit délice rapide à cuisiner ! »*

« J'avais 12 ou 13 ans quand j'ai commencé à fréquenter le Club des petits déjeuners du Québec (CPDQ) de mon école secondaire à titre de bénévole. J'y ai rencontré des adultes extraordinaires qui m'ont beaucoup inspirée dans ma vie. Ça a été pour moi une révélation : j'ai compris que chaque personne a le pouvoir d'aider les autres dans la société.

« Le Club a un impact beaucoup plus grand dans la vie des élèves que le simple fait de leur offrir un repas. Les enfants, valorisés, développent une meilleure estime d'eux-mêmes. Le petit déjeuner est pour eux un moment de répit, car bien des enfants en milieu défavorisé ont de trop grandes responsabilités pour leur âge. Ce matin, je servais des bagels à des jeunes qui étaient enchantés parce qu'ils n'ont pas souvent accès à la maison à des aliments variés et frais.

« Comme étudiante en médecine, je constate qu'il y a un lien direct entre la pauvreté et les problèmes de santé. Le Club a une influence à long terme ; en donnant la chance de consommer un repas complet, il permet d'acquérir de saines habitudes de vie et contribue à une enfance heureuse. Le CPDQ représente un bon investissement pour notre société ! »

SABRINA PROVOST
ÉTUDIANTE ET EX-MEMBRE DU
CLUB DES PETITS DÉJEUNERS DU QUÉBEC

# Grilled cheese
## réconfort à l'avocat
## de mon amie Cri-Cri

Préparation : 5 min   Cuisson : 6 à 8 min   Portion : 1

- 3 c. à café de beurre
- 1 oignon, tranché en fines rondelles
- 2 tranches de votre pain préféré
- 1 ½ c. à soupe de fromage à la crème
- ½ avocat bien mûr, écrasé à la fourchette
- 1 petite poignée de luzerne

**1.** Dans une poêle antiadhésive, faire fondre 1 c. à café de beurre et faire revenir les rondelles d'oignon environ 2 minutes à feu moyen-doux. Réserver.

**2.** Badigeonner le fromage à la crème sur une première tranche de pain. Ajouter quelques rondelles d'oignon et couvrir de luzerne.

**3.** Badigeonner la purée d'avocat sur la seconde tranche de pain et refermer pour faire un sandwich.

**4.** Badigeonner le reste du beurre sur les faces extérieures du sandwich. Déposer dans la poêle et faire griller à feu moyen de 2 à 3 minutes de chaque côté.

**5.** Servir chaud accompagné de crudités ou d'une petite salade verte.

# McMamie

Préparation : 5 min   Cuisson : 5 à 7 min   Portion : 1

- 2 œufs
- 1 c. à soupe d'eau
- Noix de beurre
- ½ oignon vert, en fines rondelles
- 45 g (¼ tasse) de cubes de jambon maigre ou de jambon en fines lamelles
- ¼ de poivron vert ou rouge, en petits dés
- 30 g (¼ tasse) de fromage mozzarella écrémé, râpé
- Origan séché ou frais, au goût
- 1 muffin anglais ou 2 tranches de pain multigrains, légèrement grillées
- Mayonnaise du commerce
- Sel et poivre du moulin

**1.** Dans un petit bol, battre les œufs avec l'eau. Saler et poivrer, au goût.

**2.** Dans une poêle antiadhésive, chauffer le beurre et faire revenir l'oignon vert, le jambon et le poivron.

**3.** Verser le mélange d'œufs sur les légumes et laisser prendre quelques minutes. Retourner, parsemer de fromage et d'origan, et laisser cuire jusqu'à ce que le fromage soit bien fondu.

**4.** Pendant ce temps, badigeonner le pain de mayonnaise.

**5.** Replier l'omelette sur elle-même de manière qu'elle s'insère bien dans le pain. Déposer sur le pain, refermer en sandwich et s'installer confortablement dans la voiture pour déguster !

Alexandre Despatie
Médaillé olympique en plongeon

≪ *Plus jeune, j'ai baptisé ce déjeuner le McMamie parce que c'est ce que ma mère me préparait quand il fallait prévoir manger dans la voiture. Si vous êtes moins pressé, doublez la recette, et faites gratiner le fromage dans le four, à* broil. *D'une manière ou d'une autre, c'est délicieux !* ≫

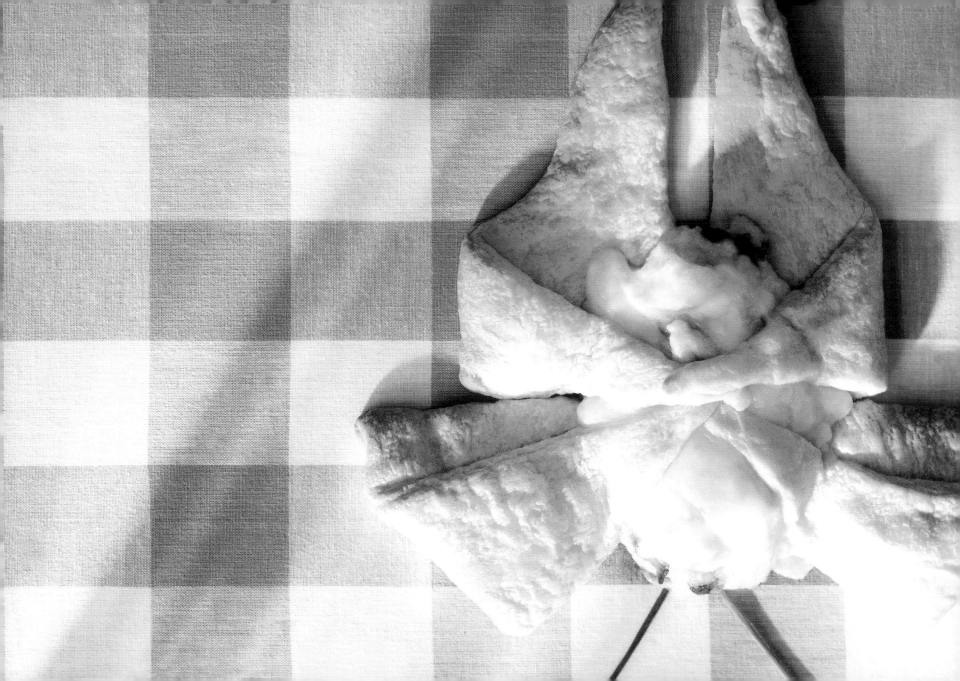

# Papillons aux œufs
## et au bacon

Préparation : 5 à 10 min   Cuisson : 30 min   Portions : 2

- 4 œufs
- 1 à 2 c. à soupe de lait (au goût)
- 2 tranches de bacon (ou de jambon), cuites et coupées en morceaux
- Beurre
- 4 petites tranches de fromage mozzarella
- 1 rouleau de croissants Pillsbury, format régulier (8 croissants)

**1.** Préchauffer le four à 175 °C (350 °F).

**2.** Dans un bol, battre les œufs avec le lait. Ajouter les morceaux de bacon et mélanger encore un peu. Faire chauffer un peu de beurre dans une poêle et brouiller le mélange d'œufs jusqu'à l'obtention de la cuisson désirée. Réserver.

**3.** Tapisser de papier parchemin une plaque allant au four. Retirer la pâte à croissant de son emballage. Disposer trois ou quatre triangles de pâte, de manière à former un papillon (ou toute autre forme qui vous inspire). Procéder de la même manière pour former le deuxième papillon.

**4.** Répartir uniformément les œufs brouillés au centre des papillons. Ajouter deux tranches de fromage sur chacune et ramener les pointes vers le centre.

**5.** Cuire au four environ 25 minutes ou jusqu'à ce que le croissant soit doré à votre goût.

India Desjardins
Auteure

<< *C'est une recette que ma mère nous faisait quand ma sœur et moi étions petites et qui faisait parfaitement notre bonheur !* >>

« Le sourire des enfants, c'est ma paye ! C'est pour eux que je suis là. Quand, à l'épicerie ou sur la rue, j'entends : "C'est madame Lucie, du p'tit déjeuner !" je sais que le Club joue un rôle très important. J'ai commencé au CPDQ il y a 16 ans comme bénévole, puis je suis devenue responsable.

« Les jeunes se montrent souvent plus ouverts avec nous qu'avec leurs parents. Ils se savent importants quand ils réalisent qu'on se préoccupe d'eux, qu'on se donne la peine d'apprendre leur nom. Cette façon de faire les valorise et les aide à construire leur estime d'eux-mêmes. Leur sourire dit tout !

« Dans mon groupe, il y a une maman qui vient tous les matins. Elle avait huit ans quand elle a commencé à venir ici et maintenant, elle y amène son enfant. Il ne peut y avoir de plus bel hommage pour le Club ! »

LUCIE BOMBARDIER
RESPONSABLE
CLUB DES PETITS DÉJEUNERS DU QUÉBEC

# Rouleaux aux œufs,
## aux saucisses et au fromage

Préparation : 10 min   Cuisson : 10 à 12 min   Portions : 4

- 250 g (1 tasse) de saucisses, au choix, en tronçons d'environ 2 cm (¾ po)
- 8 œufs
- 80 ml (⅓ tasse) de lait (ou de crème à cuisson)
- 4 c. à café d'huile d'olive
- 150 g (1 tasse) de fromage cheddar ou emmental râpé
- Poivre du moulin
- Fleur de sel

**1.** Dans une poêle antiadhésive, faire griller les tronçons de saucisses quelques minutes. Réserver au chaud.

**2.** Pendant ce temps, dans un petit bol, battre les œufs et le lait jusqu'à l'obtention d'un mélange homogène. Saler et poivrer, au goût.

**3.** Faire chauffer 1 c. à café d'huile dans un poêlon de 25 à 30 cm (10 à 12 po) de diamètre.

**4.** Verser ¼ du mélange d'œufs dans la poêle et répartir d'un mouvement circulaire pour couvrir complètement la poêle d'une fine couche du mélange. Cuire quelques minutes, jusqu'à ce que de petites bulles se forment sur le dessus de l'omelette. Retourner et cuire de l'autre côté. Réserver au chaud et répéter les opérations pour former les trois autres omelettes.

**5.** Mettre les saucisses chaudes et le fromage râpé dans des plats de service et déposer sur la table. Déposer une omelette à plat dans chaque assiette et laisser chacun la garnir à son goût avant d'en faire un grand rouleau à dévorer sur-le-champ !

# Sandwich croustillant
## au beurre d'arachide

Préparation : 5 min   Cuisson : 2 min   Portion : 1

- 2 tranches de pain à sandwich
- ½ banane en fines rondelles
- 1 c. à soupe de beurre d'arachide
- 35 g (¼ tasse) de farine
- 1 œuf
- 60 ml (¼ tasse) de lait
- 55 g (½ tasse) de céréales Vector, écrasées
- 1 ½ c. à soupe de beurre

**1.** Couvrir entièrement une première tranche de pain de rondelles de banane. Étaler le beurre d'arachide sur la seconde tranche et refermer pour former un sandwich.

**2.** Étaler la farine dans une assiette. Déposer le sandwich dans la farine, puis retourner, en prenant soin que la farine adhère aux deux côtés.

**3.** Dans une assiette creuse, battre ensemble l'œuf et le lait. Déposer le sandwich dans le mélange et laisser tremper environ 1 minute de chaque côté, de manière que le pain absorbe bien le liquide.

**4.** Étaler les céréales dans une assiette. Déposer le sandwich dans les céréales, puis retourner en prenant soin qu'elles adhèrent aux deux côtés.

**5.** Dans une poêle antiadhésive, faire fondre le beurre à feu moyen jusqu'à ce qu'il prenne une belle coloration noisette. Déposer le sandwich dans la poêle et faire griller environ 1 minute de chaque côté.

Laurent Godbout
Chef

<< *À déguster avec votre confiture préférée ou du sirop d'érable et un grand verre de lait glacé !* >>

# Sandwich de pain
## doré à la citrouille, au beurre d'arachide et aux pommes

Préparation : 15 min  Cuisson : 5 min  Portions : 2

- ¼ de boîte de purée de citrouille.
- 4 c. à soupe de beurre d'arachide naturel
- 2 blancs d'œufs
- ½ c. à café de cannelle moulue (ou au goût)
- ½ c. à café de muscade moulue (ou au goût)

- 2 pitas style sandwich (*pita break*), ou 2 muffins anglais ou 4 tranches de pain de blé entier
- 1 filet d'huile végétale
- 1 pomme, pelée et tranchée finement
- Sirop d'érable

**1.** Dans un bol, combiner la purée de citrouille et le beurre d'arachide à la fourchette. Réserver.

**2.** Dans un autre bol, fouetter ensemble les blancs d'œufs et les épices. Tremper le pain dans ce mélange et le laisser s'imbiber des deux côtés.

**3.** Huiler une poêle et cuire les tranches de pain à feu moyen de 2 à 3 minutes de chaque côté. Retirer le pain de la poêle.

**4.** Badigeonner deux tranches du mélange à la citrouille et couvrir les deux autres de tranches de pommes. Refermer les tranches l'une sur l'autre pour former deux sandwichs.

**5.** Si désiré, arroser de sirop d'érable et saupoudrer d'un peu de cannelle ou de muscade.

Abeille Gélinas
DJ

*« C'est décadent, protéiné et rempli de vitamines A et C ! »*

109

# Sandwich déjeuner
## à la mexicaine

Préparation : 5 min   Cuisson : 5 min   Portion : 1

- 2 ou 3 œufs
- Beurre
- 1 avocat bien mûr
- 1 filet d'huile d'olive
- Quelques gouttes de jus de citron
- Sel et poivre du moulin

- 1 bagel ou 1 petit pain ciabatta, coupé en deux
- Salsa mexicaine du commerce (douce, moyenne ou forte, au goût)
- Crème sure (facultatif)
- Cheddar râpé

**1.** Battre les œufs dans un petit bol.

**2.** Faire fondre un peu de beurre dans une poêle antiadhésive et cuire les œufs brouillés jusqu'à consistance désirée. Retirer du feu et réserver au chaud.

**3.** Dans un petit bol, écraser l'avocat à la fourchette. Ajouter le filet d'huile d'olive et quelques gouttes de jus citron, au goût. Saler et poivrer. Réserver.

**4.** Faire griller le pain dans un grille-pain. Badigeonner une moitié de salsa et l'autre, de crème sure. Déposer les œufs brouillés sur une moitié, parsemer de cheddar râpé et surmonter d'une généreuse portion de purée d'avocat.

**5.** Refermer le sandwich et le tour est joué !

Guy A. Lepage
Animateur

111

# les endimanchés

# Challah
## façon pain perdu

Préparation : 5 min   Cuisson : 4 min   Portions : 4 (2 tranches chacune)

- 1 gousse de vanille ou
- 1 c. à café d'essence de vanille
- 1 c. à café d'eau chaude
- 2 gros œufs
- 250 ml (1 tasse) de lait
- 8 tranches de pain challah ou brioché de 2 cm (¾ po) d'épaisseur
- 2 c. à soupe de beurre
- 1 c. à café de sucre
- 1 banane, en rondelles
- Sucre glace
- Sirop d'érable

**1.** Couper la gousse de vanille en deux dans la longueur et racler les graines avec la pointe d'un couteau. Mettre les graines dans un bol, ajouter l'eau chaude et mélanger.

**2.** Casser les œufs dans le bol et fouetter pour bien les amalgamer à l'eau et à la vanille. Incorporer le lait et fouetter encore un peu.

**3.** Plonger les tranches de pain dans le mélange en prenant soin d'imbiber les deux côtés.

**4.** Faire fondre le beurre dans une grande poêle à feu moyen-vif. Y placer les tranches de pain, saupoudrer d'un peu de sucre et faire cuire environ 2 minutes ou jusqu'à ce que le dessous soit bien doré. Retourner, saupoudrer de sucre et cuire encore de 1 à 2 minutes, jusqu'à ce que l'autre face soit bien dorée.

**5.** Déposer le pain doré sur une grande assiette. Garnir de rondelles de bananes, saupoudrer de sucre glace et arroser d'une tonne de sirop d'érable !

Émily Bégin
Chanteuse

*« Oh là là ! »*

# Crêpes à la semoule
## de maïs et coulis de framboises

Préparation : 15 min    Cuisson : 10 à 13 min    Portions : 10 crêpes

- 75 g (½ tasse) de semoule de maïs
- 45 g (½ tasse) de farine d'avoine
- ½ c. à café de sel de mer
- 1 c. à café de levure chimique
- ½ c. à café de bicarbonate de soude
- 1 c. à soupe de sucre
- 250 ml (1 tasse) de lait d'amande, de lait de soya ou de lait de riz

- 1 c. à café de vinaigre de cidre
- 1 c. à soupe de graines de lin moulues
- 60 ml (¼ tasse) d'eau
- 1 c. à café d'essence de vanille
- 1 c. à soupe de margarine végétalienne fondue (ou d'huile de noix de coco)
- Margarine végétalienne pour la cuisson

### Coulis de framboises
- 250 g (2 tasses) de framboises
- 3 c. à soupe de sirop d'érable

Georges Laraque
Chroniqueur sportif

**1.** Dans un bol, mélanger la semoule de maïs, la farine d'avoine, le sel, la levure chimique, le bicarbonate de soude et le sucre. Réserver.

**2.** Dans un petit bol, mettre le lait et le vinaigre de cidre et fouetter jusqu'à ce qu'ils soient parfaitement amalgamés. Réserver.

**3.** Dans un autre petit bol, mettre les graines de lin moulues dans l'eau. Fouetter à la fourchette pour bien mélanger et laisser reposer environ 5 minutes pour que le tout devienne gélatineux. Ajouter la vanille, la margarine et mélanger. Incorporer cette préparation au mélange lait-vinaigre et battre doucement à l'aide d'un fouet.

**4.** Verser le tout sur les ingrédients secs et mélanger. Surtout, ne pas trop mélanger, même si quelques petits grumeaux persistent. Réserver.

**5.** Pour préparer le coulis, mettre les framboises et le sirop d'érable dans une casserole. Cuire à feu moyen en remuant constamment, environ 5 minutes ou jusqu'à ce que la sauce atteigne la consistance désirée. Laisser tiédir.

**6.** Dans une poêle antiadhésive, faire chauffer un peu de margarine végétalienne à feu moyen. Verser une petite quantité de pâte dans la poêle chaude et étendre rapidement le mélange d'un mouvement circulaire pour former une belle crêpe.

**7.** Cuire les crêpes de 3 à 4 minutes de chaque côté, ou jusqu'à ce qu'elles soient bien dorées.

**8.** Servir avec un peu de margarine et napper de coulis de framboises.

# Crêpes à la crème
## à l'érable

Préparation : 10 min   Repos : 15 min   Cuisson : 15 min   Portions : 12 crêpes

**Pâte à crêpes**
- 140 g (1 tasse) de farine blanche
- 1 pincée de sel
- 1 pincée de muscade
- 310 ml (1 ¼ tasse) de lait
- 2 œufs
- 1 c. à soupe de beurre fondu
- Essence de vanille (au goût)

**Crème à l'érable**
- 500 ml (2 tasses) de sirop d'érable
- 250 ml (1 tasse) de crème 15 %
- 3 bananes
- Cannelle moulue (facultatif)

**1.** Dans un grand bol, mettre la farine, le sel et la muscade, et bien mélanger. Incorporer graduellement le lait aux ingrédients secs en mélangeant sans arrêt. Ajouter les œufs un à un, le beurre fondu et quelques gouttes de vanille, puis fouetter sans cesse jusqu'à l'obtention d'une belle pâte lisse. Laisser reposer environ 15 minutes.

**2.** Pendant ce temps, dans une petite casserole, faire chauffer le sirop d'érable à feu moyen. Lorsque le sirop est chaud, incorporer graduellement la crème en fouettant constamment et en prenant soin d'éviter que le mélange bouille. Réduire le feu au minimum et réserver la crème à l'érable au chaud.

**3.** Faire chauffer un peu de beurre dans une poêle à crêpes. Lorsque la poêle est bien chaude, verser un peu de pâte et étendre de manière à former une crêpe très mince d'environ 18 cm (7 po) de diamètre. Cuire chaque crêpe de 2 à 3 minutes de chaque côté.

**4.** Peler les bananes et les couper en deux dans le sens de la longueur. Couper ensuite chaque demie encore une fois dans le sens de la longueur pour obtenir 4 tronçons par banane.

**5.** Déposer un tronçon de banane dans chaque crêpe et la rouler sur elle-même pour former un cigare.

**6.** Placer les cigares dans un grand plat ovale et arroser généreusement de crème à l'érable. (Pour servir en portions individuelles, déposer 3 crêpes dans chaque assiette creuse et napper de 175 ml [¾ tasse] de crème à l'érable.)

**7.** Saupoudrer de cannelle moulue, au goût, et servir immédiatement.

Hugo Lapointe
Chanteur

# Crêpes aux pommes
## caramélisées, au brie et au bacon

Préparation : 15 min   Cuisson : 10 à 12 min   Portions : 8 à 10 crêpes

### Pâte à crêpes
- 210 g (1 ½ tasse) de farine
- 375 ml (1 ½ tasse de lait)
- 2 œufs
- ¼ c. à café d'essence de vanille
- Beurre

### Garniture
- 16 à 20 tranches de bacon
- 2 c. à soupe de beurre
- 4 pommes Cortland (ou autres qui ne se défont pas à la cuisson), pelées et coupées en cubes
- 105 g (½ tasse) de sucre
- Cannelle moulue, au goût
- 16 à 20 tranches minces de fromage brie

**1.** Dans un grand bol, mettre tous les ingrédients de la pâte à crêpes, sauf le beurre, et fouetter jusqu'à l'obtention d'une pâte homogène. Ajouter un peu de lait au besoin. (Personnellement, je préfère qu'elle soit plus liquide. Elle s'étend mieux dans la poêle.) Réserver.

**2.** Cuire le bacon dans une poêle ou au four à micro-ondes, puis éponger avec du papier absorbant. Réserver.

**3.** Dans une poêle antiadhésive, faire fondre le beurre à feu moyen. Ajouter les pommes et le sucre et cuire jusqu'à ce qu'elles soient tendres et caramélisées. Saupoudrer un peu de cannelle, au goût (vous n'êtes pas obligé, mais je vous le suggère fortement...).

**4.** Dans une autre poêle antiadhésive, faire fondre un peu de beurre. Lorsque la poêle est bien chaude, verser environ 60 ml (¼ tasse) de pâte et étendre d'un mouvement circulaire pour former une crêpe. Cuire de 2 à 3 minutes, puis retourner à l'aide d'une spatule et cuire encore de 2 à 3 minutes.

**5.** Déposer une crêpe dans une assiette. Garnir de pommes caramélisées, de 2 tranches de brie et de 2 tranches de bacon. Refermer la crêpe sur elle-même et servir avec du sirop d'érable. (Ou sans ; c'est vous qui décidez. Personnellement, j'en mettrais. Mais ce sont aussi vos crêpes maintenant, après tout !)

Laurent Paquin
Humoriste

# Crêpes de bûcheron
## à la Léo

Préparation : 10 min   Cuisson : 7 ou 8 min   Portions : 6 grosses crêpes

- 1 œuf
- 250 ml (1 tasse) de boisson de soya
- 1 c. à café d'essence de vanille
- 1 c. à café de sirop de bouleau ou de sirop de merisier
- 75 g (½ tasse) de bleuets congelés
- 30 g (¼ tasse) de noix de Grenoble hachées
- 140 g (1 tasse) de farine 6 grains
- 175 g (1 tasse) de farine de sarrasin
- 1 c. à café de beurre non salé
- Huile de tournesol
- Cheddar extra-fort, râpé (au goût)
- Sirop d'érable (au goût)

**1.** Dans un grand bol, fouetter ensemble l'œuf, la boisson de soya, la vanille et le sirop de bouleau ou de merisier. Ajouter les bleuets et les noix, et bien mélanger.

**2.** Incorporer graduellement les farines au mélange en fouettant sans cesse jusqu'à l'obtention d'une belle pâte lisse et homogène. Ajouter un peu de lait si la pâte ne semble pas assez liquide.

**3.** Dans une grande poêle antiadhésive, chauffer le beurre et un filet d'huile de tournesol à feu moyen-vif. Verser suffisamment de mélange de la poêle pour faire une grosse crêpe épaisse. (Et par grosse crêpe épaisse, j'entends grosse crêpe cochonne qui n'a rien à envier à sa lointaine et feluette cousine crêpe bretonne !)

**4.** Faire dorer la crêpe de 3 à 4 minutes, puis la retourner à l'aide d'une spatule. (En fait, pour faire de l'effet, si vous avez le temps de nettoyer ensuite une partie de la cuisine, lancer la crêpe bien haut dans les airs pour la retourner. Éclats de rire enfantins garantis... mais prévoir dans ce cas plus de mélange parce qu'il faudra répéter l'acrobatie plus d'une fois !)

**5.** Lorsque la crêpe est bien dorée des deux côtés, garnir d'un peu de cheddar et arroser de sirop d'érable, au goût.

Denis Bouchard
Comédien et metteur en scène

《 *Ça, c'est le déjeuner préféré de mon fils !* 》

# Crêpes « matin de feu »
## frites à l'huile de coco

Préparation : 10 min   Cuisson : 5 à 6 min   Portions : 8 à 10

- 175 g (1 tasse) de farine de sarrasin
- 70 g (½ tasse) de farine blanche ou de blé entier
- ½ c. à café de sel
- ½ c. à café de bicarbonate de soude
- 250 ml (1 tasse) de lait 2 %
- 125 ml (½ tasse) de lait d'amande
- 2 œufs battus
- 1 c. à café de beurre fondu
- 1 banane mûre, réduite en purée
- 2 c. à soupe de yogourt à la vanille
- 1 c. à café d'essence de vanille
- Huile de noix de coco

**1.** Dans un grand bol, mélanger les farines, le sel et le bicarbonate de soude. Ajouter le lait 2 % et le lait d'amande, les œufs battus, le beurre fondu, la banane en purée, le yogourt et l'essence de vanille et battre jusqu'à l'obtention d'une pâte bien lisse et bien liquide. Ajouter un peu d'eau, au besoin.

**2.** Faire chauffer une poêle antiadhésive à sec, à feu moyen. Lorsque la poêle est bien chaude, ajouter un peu d'huile de noix de coco et chauffer encore un peu.

**3.** Verser environ 60 ml (¼ tasse) de pâte dans la poêle et étendre d'un mouvement circulaire pour former une belle crêpe. Cuire de 2 à 3 minutes ou jusqu'à ce qu'il se crée de petites bulles sur la pâte. Retourner la crêpe et cuire de 2 à 3 minutes.

**4.** Servir chaud, tel quel ou avec vos garnitures préférées !

Guillaume Lemay-Thivierge
Comédien

*≪ Bon appétit ! ≫*

« Je suis bénévole au Club des petits déjeuners depuis 2009 et j'adore ça ! Pour moi, l'engagement, c'est une promesse d'être là et d'essayer de faire une différence, aussi minime soit-elle. Être partenaire du Club, c'est être un maillon dans la grande chaîne de solidarité qui entoure les enfants. J'en retire un sentiment d'accomplissement extraordinaire. Et je sais exactement où vont les dons des gens quand je vois le sourire des enfants et tout le bien qu'on leur fait. »

LINDA COLLIN
AGENTE ADMINISTRATIVE, HÔPITAL CHARLES-LEMOYNE
BÉNÉVOLAT CORPORATIF AU CLUB DES PETITS DÉJEUNERS DU QUÉBEC

# Gaufres croustillantes
## aux marrons

**Préparation :** 10 min   **Cuisson :** 5 min   **Portions :** 4 gaufres

- 25 g (½ tasse) de gruau
- 140 g (1 tasse) de farine
- 1 c. à soupe de sucre
- 1 c. à soupe de levure chimique
- ½ c. à thé de sel

- 2 œufs, jaunes et blancs séparés
- 250 ml (1 tasse) de lait
- 80 ml (⅓ tasse) de purée de marrons
- 3 ½ c. à soupe d'huile végétale

**1.** Dans un grand bol, mélanger les ingrédients secs.

**2.** Dans un autre bol, monter les blancs d'œufs en neige.

**3.** Ajouter les jaunes d'œufs aux ingrédients secs et bien mélanger. Verser ensuite le lait, la purée de marrons et l'huile végétale et bien mélanger à nouveau. Incorporer délicatement les blancs d'œufs au mélange.

**4.** Cuire la préparation dans un gaufrier pendant environ 5 minutes (ou selon les indications du fabricant).

**5.** Il ne reste plus qu'à y ajouter votre garniture préférée !

# Gaufres ensoleillées

Préparation : 15 min   Cuisson : 5 min   Portions : 8 gaufres

**Gaufres au blé**

- 3 œufs, jaunes et blancs séparés
- 175 ml (¾ tasse) de lait 2 %
- Quelques gouttes d'essence de vanille
- 2 c. à soupe d'huile de pépins de raisin
- 70 g (½ tasse) de farine tout usage
- 60 g (½ tasse) de farine de blé

- 1 c. à café de levure chimique
- 1 pincée de sel
- 1 c. à café de sucre

**Garnitures**

- 400 g (1 ⅔ tasse) yogourt à la vanille
- 20 g (⅓ tasse) de petites guimauves
- 60 ml (¼ tasse) de jus d'orange
- 4 clémentines, pelées et coupées en petits dés
- 2 c. à soupe de miel
- Le zeste d'une clémentine
- 100 g (⅔ tasse) de bleuets

**1.** Préparer d'abord la garniture à la clémentine. Dans un bol, mélanger le yogourt, les guimauves, le jus d'orange et les dés de clémentine. Réserver.

**2.** Dans un autre bol, battre les jaunes d'œufs avec le lait, la vanille et l'huile de pépins de raisin.

**3.** Dans un troisième bol, mettre les ingrédients secs. Ajouter ensuite au mélange liquide et bien mélanger.

**4.** Dans un quatrième bol, battre les blancs d'œufs en neige et les incorporer délicatement au mélange.

**5.** Cuire dans un gaufrier pendant environ 5 minutes (ou selon les consignes du fabricant.)

**6.** Badigeonner les gaufres encore chaudes de miel. Garnir d'une généreuse portion du mélange à la clémentine. Arroser d'un filet de miel, parsemer de bleuets et de zeste de clémentine.

Patrick Bourgeois
Chanteur

# Pain aux bananes
## à la façon pain doré

Préparation : 15 min   Cuisson : 55-60 min   Portions : 10 à 12 tranches

**Pain aux bananes**
- 4 c. à soupe de beurre
- 2 bananes bien mûres, réduites en purée
- 100 g (½ tasse) de sucre
- 3 œufs battus
- 280 g (2 tasses) de farine
- 1 c. à café de bicarbonate de soude
- 2 c. à café de levure chimique
- ¼ c. à café de sel
- 125 ml (½ tasse) de lait

**Pain doré**
- 3 œufs
- 75 g (⅓ tasse) de cassonade brillante
- 1 pincée de cannelle
- 1 pincée de muscade
- 250 ml (1 tasse) de lait
- 1 goutte de vanille
- Beurre pour la cuisson
- Sirop d'érable

## Pain aux bananes

**1.** Préchauffer le four à 175 °C (350 °F).

**2.** Fouetter le beurre dans un grand bol. Ajouter les bananes et le sucre, et bien mélanger. Incorporer les œufs et battre encore un peu.

**3.** Dans un autre bol, mélanger la farine, le bicarbonate de soude, la levure chimique et le sel. Incorporer graduellement ces ingrédients secs au mélange de bananes en alternant avec le lait.

**4.** Graisser et fariner un moule à pain. Y verser le mélange et cuire au four environ 50 minutes.

## Pain doré

**1.** Battre les œufs dans un grand bol. Réserver.

**2.** Dans un autre bol, mélanger la cassonade et les épices. Incorporer ce mélange aux œufs. Ajouter le lait et la vanille et battre encore pour obtenir un mélange homogène.

**3.** Faire fondre un peu de beurre dans une poêle antiadhésive. Tremper les tranches de pain aux bananes dans le mélange et faire revenir jusqu'à ce que les deux côtés soient bien dorés.

**4.** Servir chaud avec du sirop d'érable.

Cora Tsouflidou
Fondatrice des restaurants Cora

« J'ai d'abord été bénévole au Club des petits déjeuners du Québec (CPDQ) avant de prendre la relève comme responsable, rôle que je remplis depuis maintenant cinq ans. C'était un beau défi qui se présentait à moi et une belle occasion de me sentir utile. J'étais heureuse de me rapprocher des enfants.

« Le Club évolue en dehors du moule scolaire et c'est très révélateur du milieu dans lequel vivent les jeunes. Notre but, ici, c'est de les faire grandir dans un environnement qu'ils aiment.

« Pour plusieurs enfants, le fait que quelqu'un prenne le temps de les saluer et de leur sourire fera toute la différence dans leur journée. Le Club leur permet de développer un sentiment d'appartenance à leur école et d'apprendre à faire confiance.

« Tout le monde a le droit d'avoir un bon départ dans la vie. C'est ce que le Club offre aux enfants ! »

RAYMONDE AUBIN
RESPONSABLE
CLUB DES PETITS DÉJEUNERS DU QUÉBEC

# Pain doré à l'érable
## et aux pommes

Préparation : 15 min   Cuisson : 30 min   Portions : 4

- 2 pommes moyennes, pelées et coupées en tranches d'environ ½ cm (¼ po) d'épaisseur
- 4 gros œufs
- 310 ml (1 ¼ tasse) de lait
- 125 ml (½ tasse) de sirop d'érable (« médium » de préférence)
- ½ c. à café d'huile végétale environ
- 8 tranches de pain à l'ancienne au blé entier d'environ 1 cm (½ po) d'épaisseur
- Sucre d'érable

### Sauce aux pommes
- 250 g (2 tasses) de pommes pelées, évidées et coupées en dés
- 1 ½ c. à soupe de jus de citron
- 80 ml (⅓ tasse) de sirop d'érable
- 1 c. à soupe de pacanes hachées
- Quelques pacanes entières
- 1 c. à soupe de beurre froid en petits dés

**1.** Préparer d'abord la sauce aux pommes en mettant les dés de pommes et le jus de citron dans une casserole. Cuire à feu moyen environ 20 minutes ou jusqu'à ce que les pommes soient tendres.

**2.** Transférer la préparation dans le bol du mélangeur et réduire jusqu'à l'obtention d'une belle sauce lisse. Réserver.
Dans la même casserole, mettre le sirop d'érable, les pacanes hachées et entières et le beurre. Porter à ébullition et laisser mijoter à feu moyen-doux environ 1 minute. Retirer les pacanes entières et les réserver.

**3.** Ajouter le mélange à la sauce aux pommes et mélanger pour obtenir une belle préparation homogène. Réserver.

**4.** Dans une poêle antiadhésive, déposer les tranches de pommes et cuire à feu doux environ 2 minutes ou jusqu'à ce que le dessus des pommes soit chaud et le dessous, doré. Retourner les tranches de pommes et faire dorer de l'autre côté. Réserver.

**5.** Dans un bol, fouetter ensemble les œufs, le lait et le sirop d'érable. Réserver.

**6.** À l'aide d'un essuie-tout imbiber d'huile végétale, graisser légèrement le fond d'une poêle antiadhésive et faire chauffer à feu moyen.

**7.** Tremper chaque tranche de pain quelques secondes dans le mélange œufs-lait (attention que le pain ne devienne pas trop humide et se déchire). Faire griller environ 3 minutes de chaque côté ou jusqu'à ce que les tranches soient dorées et croustillantes à l'extérieur et chaudes à l'intérieur.

**8.** Déposer 2 tranches de pain dans chaque assiette. Ajouter le quart des tranches de pommes cuites sur chaque portion. Napper de sauce aux pommes et parsemer de pacanes entières. Saupoudrer de sucre d'érable râpé et servir.

# Pain doré au lait
## de coco, compote d'ananas et de mangues à la vanille

Préparation : 5 min    Cuisson : 10 min    Portions : 6 tranches

**Pain doré au lait de coco**

- 3 œufs
- 50 g (¼ tasse) de cassonade
- 1 gousse de vanille (graines)
- Le zeste de 1 citron vert
- 1 boîte de 400 ml (1 ⅓ tasse) de lait de coco non sucré
- 6 tranches de pain brioché de 4 cm (1 ½ po)
- Beurre

**Compote d'ananas et de mangues à la vanille**

- ½ ananas, pelé, évidé et coupé en dés
- 2 mangues, pelées et coupées en dés
- 160 g (¾ tasse) de sucre
- le jus de 1 citron
- 1 gousse de vanille, fendue et grattée

Patrice Demers
Chef

## Pain doré au lait de coco

**1.** Préchauffer le four à 175 °C (350 °F).

**2.** Au fouet, bien mélanger les œufs, la cassonade, les graines de vanille et le zeste de citron vert. Ajouter le lait de coco et bien mélanger.

**3.** Tremper les tranches de pain dans ce mélange pour bien les imbiber.

**4.** Dans une grande poêle allant au four, faire fondre un peu de beurre et dorer les tranches de pain de chaque côté. Terminer la cuisson au four pendant 4 minutes.

## Compote d'ananas et de mangues à la vanille

Préparation : 30 min    Portion : Donne 500 ml (2 tasses)

**1.** Dans une casserole, cuire tous les ingrédients à feu moyen pendant environ 30 minutes ou jusqu'à ce qu'il ne reste presque plus de liquide. Retirer la gousse de vanille et laisser tempérer le mélange. Mettre ensuite au frigo jusqu'à ce que la compote soit bien froide.

*« La compote se conserve deux semaines dans un contenant hermétique au réfrigérateur. »*

# Pain doré aux épices
## et mascarponc à l'érable

Préparation : 5 min    Cuisson : 5 à 6 min    Portions : 4 (2 tranches chacune)

- 4 œufs
- 375 ml (1 ½ tasse) de lait
- ½ c. à café d'essence de vanille
- ¼ c. à café de cannelle ou de muscade moulue (ou au goût)
- ¼ c. à café de cardamome moulue (ou au goût)
- 50 g (¼ tasse) de sucre

- 8 tranches de pain, au choix (c'est délicieux avec du pain brioché, des tranches de brioche à la cannelle ou du panettone !)
- 4 c. à soupe de beurre
- 125 ml (½ tasse) de sirop d'érable
- Fruits frais

**Mascarpone à l'érable**
- 150 g (⅔ tasse) de fromage mascarpone
- 60 ml (¼ tasse) de sirop d'érable

**1.** Dans une assiette creuse, battre les œufs, le lait, l'essence de vanille, les épices et le sucre.

**2.** Tremper les tranches de pain dans le mélange d'œufs. Les tenir quelques secondes au-dessus de l'assiette pour égoutter le surplus de liquide.

**3.** Dans une grande poêle, faire fondre le beurre et cuire les tranches de pain de 2 à 3 minutes de chaque côté, ou jusqu'à ce qu'elles soient bien dorées.

**4.** Dans un petit bol, mélanger le fromage et le sirop d'érable à la fourchette.

**5.** Servir le pain doré badigeonné de mascarpone à l'érable et parsemé de fruits frais.

Clodine Desrochers
Animatrice

# les petits
# matins pressés

« Il n'y a pas une journée qui passe sans que je reçoive des commentaires positifs à l'égard du Club des petits déjeuners. Pour plusieurs parents, inscrire leur enfant au Club, c'est savoir avec soulagement qu'un repas lui sera servi. Le seul de sa journée peut-être... Pour certains élèves, fréquenter le Club, c'est aussi récolter le premier bonjour, le premier sourire de la journée, le premier contact accueillant.

« Au Club, au-delà de ce qu'ils trouvent dans leur assiette, les jeunes se nourrissent de la bienveillance qui règne autour de la table. Une bienveillance qui fait une différence primordiale dans leur vie, qui contribue à leur bonheur et à leur épanouissement.

« Merci d'être les fidèles complices de ce que je vis au quotidien comme directeur. Merci au nom des enfants, des parents et du personnel de mon école. « Merci d'être ce que vous êtes et de faire ce que vous faites ! »

DENIS CHARBONNEAU
DIRECTEUR
ÉCOLE CURÉ-PAQUIN, SAINT-EUSTACHE

# Barres tendres
## au gruau, au chocolat et à la guimauve

Préparation : 15 min   Cuisson : 20 à 23 min   Pause : 2 heures   Portions : 8 à 10 barres

- 155 g (3 tasses) de gruau à saveur d'érable et de cassonade
- 45 g (1 ½ tasse) de céréales Rice Krispies
- 180 g (1 tasse) de pépites de chocolat mi-sucré
- 80 ml (⅓ tasse) de lait évaporé
- 100 g (2 tasses) de petites guimauves
- 80 ml (⅓ tasse) de miel

**1.** Préchauffer le four à 175 °C (350 °F).

**2.** Dans un grand bol, mélanger le gruau, les Rice Krispies et les pépites de chocolat. Réserver.

**3.** Mettre le lait et les guimauves dans un chaudron et chauffer à feu moyen de 5 à 8 minutes. Ne pas faire fondre entièrement les guimauves afin qu'il en reste de bons morceaux dans la barre.

**4.** Ajouter le mélange de lait et de guimauves aux ingrédients secs et bien mélanger jusqu'à ce que tous les ingrédients soient bien amalgamés les uns avec les autres (si vous voulez que les pépites restent entières, laisser tiédir le mélange avant de l'ajouter aux ingrédients secs.) Ajouter le miel et mélanger à nouveau jusqu'à ce que le mélange soit collant.

**5.** Étendre le tout sur une plaque à biscuits ou un plat allant au four. Bien presser le mélange avec les mains pour qu'il forme une couche compacte d'environ 1 cm (½ po) d'épaisseur.

**6.** Enfourner et cuire environ 15 minutes. Laisser refroidir et placer au réfrigérateur pendant au moins 2 heures.

**7.** Découper de 8 à 10 barres, à garder à portée de main !

# Granola croquant

Préparation : 5 min   Cuisson : 20 à 25 min   Portions : 300 g

- 160 g (2 tasses) de flocons d'avoine et de flocons de blé mélangés
- 130 g (1 tasse) d'amandes hachées
- 60 ml (¼ tasse) de sirop d'érable
- 80 ml (⅓ tasse) d'huile végétale
- 3 c. à soupe de cassonade
- ¼ c. à café de sel de mer
- ½ c. à café d'essence de vanille

**1.** Préchauffer le four à 175 °C (350 °F).

**2.** Mélanger tous les ingrédients dans un grand bol.

**3.** Étaler le mélange sur une grande plaque de cuisson et cuire de 20 à 25 minutes ou jusqu'à ce que le mélange ait une coloration légèrement dorée.

**4.** Retirer du four et laisser tiédir.

**5.** Servir avec du yogourt et des fruits frais.

Étienne Boulay
Footballeur et animateur

<< *Pour varier, ajouter d'autres types de noix, des canneberges séchées ou encore des raisins secs. On peut aussi remplacer le sirop d'érable par du miel.*

*Utilisez une avoine sans gluten pour un granola qui n'en contient pas !* >>

# Gruau à la banane,
## façon crème brûlée

Préparation : 2 min    Cuisson : 5 min    Portion : 1

- 1 banane en morceaux
- 500 ml (2 tasses) d'eau

- 80 g (1 tasse) de flocons d'avoine
- 1 c. à soupe de cassonade

**1.** Mettre la banane et l'eau dans une casserole. Amener à ébullition. Ajouter les flocons d'avoine, réduire le feu et laisser mijoter à feu doux environ 5 minutes.

**2.** Verser le gruau dans un bol et couvrir de cassonade. À l'aide d'un chalumeau, faire fondre la cassonade sur le gruau jusqu'à ce qu'elle soit bien dorée. Elle formera une petite croûte sur les céréales chaudes à la manière d'une crème brûlée.

**3.** Servir chaud avec un grand verre de lait.

Jasmin Roy
Animateur

# Matmuffin

Préparation et cuisson : 1 minute 21 secondes, c'est mon record !   Portion : 1

- 1 œuf
- 1 muffin anglais
- Quantité suffisante de mayonnaise
- Quelques tranches de tomate
- Quelques tranches de fromage cheddar (ou un autre fromage, au goût)
- 1 bout de laitue (il n'existe pas d'unité de mesure précise pour la laitue)
- 1 c. à soupe OU à café OU 1 fourchette (vous allez comprendre plus loin)

*Vous n'avez pas le temps de vous faire à manger parce que vous vous êtes levé un ti peu plus tard que prévu et que vous ne pensiez pas prendre de douche, mais, finalement, vous avez décidé d'en prendre une ?*

*Après, vous n'avez pas trouvé tout de suite ce que vous vouliez porter aujourd'hui ? Même que vous avez encore des doutes sur ce que vous avez fini par choisir, mais là vous n'avez vraiment plus le temps et puis il faudrait bien que vous mangiez quelque chose avant de partir ?*

*Pourquoi pas un MATMUFFIN ! (J'viens juste d'inventer ce nom-là !)*

*Astuce du chef : Si vous êtes vraiment pressé, la prochaine fois, ne lisez pas le premier paragraphe.*

Mathieu Pichette
Comédien

**1.** Prendre l'œuf et le casser. Non ! Pas par terre ! Pas grave, à ramasser ce soir. Prendre un autre œuf (s'il n'est pas cassé par terre, garder lc même que tantôl) et verser son contenu dans un ramequin. Couvrir d'une assiette et mettre au four à micro-ondes 1 minute à puissance maximale (ou ne pas couvrir d'une assiette et laver le micro-ondes plus tard).

**2.** Pendant ce temps (vite, on n'a qu'une minute !), mettre le muffin anglais dans le grille-pain.

**3.** Pendant qu'il grille, couper des tranches de tomate, de fromage et le bout de laitue (il n'existe toujours pas d'unité de mesure plus précise pour la laitue).

**4.** Pendant ce temps, moi, je suis chez moi et je suis probablement en train de me préparer la même chose que vous.

**5.** Là, quelque chose devrait avoir sonné. (Ne pas rester planté là, le temps presse !) Prendre le muffin anglais et « beurrer » l'intérieur avec de la mayonnaise (j'le sais, c'est mêlant, mais y'a pas de beurre, c'est juste une expression). Ajouter les tranches de tomate, le fromage et la laitue (dans l'ordre que vous voulez, selon votre fantaisie du moment).

**6.** Saisir le ramequin (attention, c'est chaud !) et, à l'aide du manche de la cuillère à soupe, décoller l'œuf du ramequin et le faire tomber sur la pile de fantaisie (c'est beaucoup plus compliqué à expliquer qu'à faire). Et là, c'est magique : l'œuf est devenu un rond parfait ! Exactement de la bonne taille ! C'est la magie du micro-ondes...

**7.** Voilà. Il ne reste qu'à déguster... ou à avaler en trois bouchées en finissant de s'habiller.

*« On peut remplacer le muffin anglais par un pain coupé en deux, ou simplement plié en deux. Si on n'a pas d'œuf, on peut le remplacer par de la viande ou par du végé-pâté ou, pourquoi pas, par une saucisse. Ça va être bon, cette affaire-là, c'est juste que c'est rendu un hot-dog. »*

# Muesli chaud
## au yogourt grec et aux petits fruits

Préparation : 5 min   Cuisson : 7 à 8 min   Portions : 4 à 6

- 120 g (1 tasse) de muesli (personnellement, j'utilise les Mueslis à l'Ancienne de Bob's Red Mill)
- 250 ml (1 tasse) de lait 1 % ou 2 %, ou de lait de soya nature non sucré

- 2 à 4 c. à soupe de yogourt grec 0 %
- Petits fruits décongelés, au goût
- Miel, sirop d'érable ou cassonade, au goût

**1.** Dans une petite casserole, mettre le muesli et le lait et porter à ébullition. Laisser mijoter de 3 à 5 minutes en remuant régulièrement.

**2.** Répartir la préparation dans des petits bols, garnir de 1 c. à soupe de yogourt et de petits fruits. Arroser d'un peu de miel ou de sirop ou saupoudrer de cassonade (personnellement, j'ai une préférence pour le miel !).

Patrice Godin
Comédien

« *Une petite recette très simple, mais savoureuse… et parfaitement santé que je prépare parfois les dimanches d'automne et d'hiver après avoir couru quelques kilomètres glacés !*

*Pour une version froide de la même recette, laisser tremper les mueslis dans le lait toute la nuit au frigo. Au réveil, il ne reste qu'à garnir et à savourer !*

*Les gourmands (j'en suis un à l'occasion) ne se gêneront pas pour ajouter quelques morceaux de noix de Grenoble. Et ceux qui ont envie d'un petit changement remplaceront les petits fruits par des morceaux de poire !*

*Bon petit déjeuner !* »

# Œufs brouillés
## au fromage féta et à l'aneth

Préparation : 2 temps 3 mouvements   Cuisson : express   Portions : variables...

- 1 ½ c. à soupe d'huile d'olive
- Œufs (en quantité suffisante, selon le nombre de bouches à nourrir !)
- Fromage féta, émietté grossièrement à la main
- Aneth frais coupé grossièrement (plus que moins)
- Poivre du moulin

**1.** Dans une poêle antiadhésive, faire chauffer l'huile à feu moyen-vif. Casser les œufs un à un et les brouiller à l'aide d'une cuillère de bois.

**2.** Parsemer de féta et mélanger sommairement. Ajouter l'aneth et servir les enfants avant de poivrer généreusement !

**3.** Accompagner d'une belle salade de tomates fraîches et de rôties. Le bonheur !

Anick Lemay
Comédienne

<< *Cette recette me vient de mon amie Angie. Un ange qui porte encore mieux son nom depuis qu'elle a réussi à nourrir en 3 minutes et avec 3 ingrédients une horde de petits monstres et d'adultes affamés au lendemain d'une belle soirée entre amis.* >>

# Œuf dans le trou

Préparation : 5 min   Cuisson : 5 min   Portion : 1

- 1 belle tranche de pain de ménage
- Noix de beurre
- 1 tranche de fromage suisse
- 1 tranche de tomate
- 1 c. à café de basilic séché
- 1 œuf
- 2 c. à soupe de ciboulette fraîche
- 1 c. à café de poivre 5 couleurs

**1.** À l'aide d'un verre ou d'un emporte-pièce, faire un trou au centre du pain. Beurrer les deux côtés de la tranche et du rond formé par la mie retirée.

**2.** Faire chauffer une poêle antiadhésive à feu moyen et y déposer la tranche de pain et le rond de mie. Griller rapidement d'un côté, puis retourner et garnir le rond de mie du fromage, de la tranche de tomate et saupoudrer de basilic. Laisser griller la deuxième face de 30 secondes à 1 minute.

**3.** Ajouter une petite noix de beurre dans le trou au centre de la tranche, puis y casser l'œuf. Saupoudrer de ciboulette et poivrer, au goût. Cuire jusqu'à ce que l'œuf ait atteint la consistance souhaitée. (Si désiré, retourner la tranche pour cuire l'œuf des deux côtés.)

**4.** Déposer la tranche de pain dans une assiette, couronner du rond de pain garni.

Marianne St-Gelais
Médaillée olympique
en patinage de vitesse

*≪ Un délice facile à concocter ! ≫*

# Salade de petits fruits
## à l'érable et à l'eau de rose

Préparation : 10 min   Portions : 4 à 6

- 2 casseaux de bleuets frais
- 1 casseau de framboises fraîches
- 1 casseau de mûres fraîches, coupées en deux
- 1 casseau de fraises fraîches, coupées en quatre

- 80 ml (⅓ tasse) de sirop d'érable
- 2 ½ c. à café d'eau de rose (ou d'eau de fleur d'oranger)
- 2 ½ c. à café de jus de citron

**1.** Mettre tous les ingrédients dans un grand bol et mélanger délicatement.

France Castel
Comédienne

≪ *C'est encore meilleur si vous la préparez la veille. Les fruits auront le temps de s'imbiber de sirop et de se défaire un peu !* ≫

# Salade tropicale
## matinale

Préparation : 10 min   Cuisson : 10 à 15 min   Portion : 1

- 50 g (½ tasse) de riz basmati
- 250 ml (1 tasse) d'eau
- 55 g (⅓ tasse) de bleuets frais
- 50 g (⅓ tasse) de fraises fraîches, en petits morceaux
- 80 g (⅓ tasse) de papaye fraîche, pelée et coupée en petits dés
- 3 c. à soupe de boisson de soya, nature
- 1 poignée d'amandes mondées, tranchées
- 1 poignée de raisins secs
- 1 c. à soupe de miel (ou au goût)

**1.** Rincer le riz à l'eau froide, puis égoutter.

**2.** Dans un chaudron, faire bouillir l'eau. Ajouter le riz et laisser cuire à feu moyen jusqu'à ce que l'eau soit complètement évaporée. Retirer du feu et laisser refroidir.

**3.** Mettre le riz dans un bol. Ajouter les fruits, la boisson de soya, les amandes, les raisins secs et bien mélanger.

**4.** Arroser d'un filet de miel et déguster sur-le-champ !

Joël Legendre
Comédien et animateur

# Smoothie à la mangue,
## à la banane et au muesli

Préparation : 5 min   Portion : 1

**Smoothie**

- 125 ml (½ tasse) de yogourt grec nature
- 125 ml (½ tasse) de jus d'orange
- 125 ml (½ tasse) d'eau
- 200 g (1 tasse) de morceaux de mangues congelés
- 1 banane, pelée et coupée en rondelles
- 2 c. à soupe de muesli
- 1 c. à café d'essence de vanille

**1.** Mettre tous les ingrédients dans le bol du mélangeur et broyer jusqu'à l'obtention d'une belle purée onctueuse.

**2.** Verser la préparation dans un verre et servir immédiatement.

Émilie Heymans
Médaillée olympique en plongeon

<< *Pour un effet chic, piquer une feuille de menthe sur le cure-dent, enfiler les deux rondelles de banane et terminer avec une deuxième feuille de menthe. Déposer le cure-dent garni sur les rebords du verre et servir immédiatement !* >>

# Smoothie des champions

Préparation : 10 min    Portion : 4 verres de 250 ml

- 1 pomme, pelée et coupée morceaux
- 1 poire, pelée et coupée en morceaux
- 1 mangue, pelée et coupée en morceaux
- 1 banane, pelée et coupée en tronçons
- 1 bonne poignée de petits fruits surgelés (framboises, bleuets, mûres, cerises)
- 7 fraises
- 10 raisins rouges
- 250 ml (1 tasse) de lait d'amande
- 1 c. à soupe de sirop d'agave
- 1 c. à soupe de protéines naturelles en poudre (personnellement, j'utilise la Vega à la vanille)

**1.** Mettre tous les ingrédients dans un mélangeur et mélanger jusqu'à l'obtention de la consistance désirée.

Rachid Badouri
Humoriste

<< *Ce smoothie désaltérant favorise la digestion. Riche en vitamine C, en enzymes et en antioxydants, il est détoxifiant et donne de l'énergie. Mais surtout, il est délicieux !* >>

# Smoothie vitalité

Préparation : 5 min   Portions : 2 de 500 ml (2 tasses) ou 4 de 250 ml (1 tasse)

- 250 ml (1 tasse) de boisson de soya enrichie en calcium ou de lait 1 %
- 340 g (12 oz) de tofu soyeux (mou)
- 115 g (¾ tasse) de fraises, tranchées
- 115 g (¾ tasse) de mangue, tranchées

- 3 c. à soupe de germe de blé grillé
- 2 c. à soupe de graines de chia
- 1 ou 2 c. à soupe de miel
- Quelques glaçons
  On peut aussi faire des glaçons avec des fruits (petites fraises, framboises, bleuets) et s'en servir comme élément décoratif.

**1.** Passer tous les ingrédients au mélangeur et servir frais !

Valeur énergétique : 152 calories/250 ml (1 tasse)

<< *Et si le petit déjeuner était si simple qu'on ne pouvait plus passer par-dessus ?* >>

Isabelle Huot
Docteur en nutrition

<< *Faites-vous plaisir et utilisez vos fruits préférés ! Si vous optez pour des fruits congelés, il n'est pas nécessaire d'ajouter des glaçons à la recette.*

*Pour les sportifs : Ajouter 2. c. à soupe de beurre d'arachide et une banane bien mûre.*

*Et pour un petit coup de fraîcheur, ajouter des feuilles de menthe !*

*Cette boisson nutritive offre tous les nutriments nécessaires pour bien démarrer la journée. Elle contient des glucides, des protéines, des fibres, du calcium, des oméga-3 ainsi que les vitamines A, C et E. Grâce aux produits du soya, elle fournit aussi des phytoestrogènes et, avec les graines de chia, de précieuses fibres solubles. Un vrai cocktail vitaminé, garant d'une bonne santé.* >>

# Tourbillon aux poires,
## à la rhubarbe et aux canneberges

Préparation : 10 min   Cuisson : 5 min   Portions : 4

- 220 g (1 ¾ tasse) de rhubarbe bien mûre, coupée en tronçons de 3 cm (1 ¼ po)
- 80 ml (⅓ tasse) d'eau
- 2 poires jaunes très mûres, pelées, cœur enlevé et tranchées
- 100 g (1 tasse) de canneberges fraîches ou congelées
- 5 c. à soupe de sirop d'érable
- Eau

**1.** Mettre la rhubarbe dans un chaudron avec l'eau. Couvrir et cuire à feu doux pendant 5 minutes ou jusqu'à ce que la rhubarbe soit tendre. Transférer dans un bol et réfrigérer.

**2.** Déposer les poires, la rhubarbe et son eau de cuisson, les canneberges et le sirop d'érable dans un mélangeur et mélanger jusqu'à l'obtention d'une belle consistance lisse.

**3.** Si les canneberges sont fraîches, ajouter quelques glaçons avant de mélanger ou réfrigérer quelques heures et servir bien frais !

Alexandre Bilodeau
Médaillé olympique
en ski acrobatique

# Merci !

Au Club des petits déjeuners du Québec, nous avons la chance de travailler quotidiennement avec des gens de cœur formidables ! Pour ce projet, ils ont, comme toujours, démontré beaucoup de passion et, surtout, donné généreusement de leur temps. Je remercie chaleureusement tous les bénévoles, les directeurs et directrices d'école, les enseignants et enseignantes de même que les parents, pour leur amour des enfants ainsi que pour leurs beaux témoignages empreints d'authenticité ! Un merci tout spécial à Sabrina Provost et à Jordan Lancaster, deux ex-membres du Club des petits déjeuners, pour leur soutien constant à la cause et à leurs beaux témoignages.

Notre reconnaissance à Amy-Lee, Andrew, Béatrice, Brody, Camilia, Cassandre, Cédrik, Christian, Dominic, Elizabeth, Jimmy-Jess, Judy et Vincent, pour leur magnifique travail lors de la séance de photos. Un moment mémorable, tant pour eux que pour toute l'équipe ! Merci pour les sourires, les folies et le talent ! Merci aussi aux parents de s'être impliqués autant et d'avoir accepté que leurs jeunes participent à ce projet – oh, et merci pour votre patience ! Merci du fond du cœur à tous les artistes, les chefs et les athlètes qui ont collaboré à ce livre. Merci de croire à la cause ! Vos recettes aideront des enfants à grandir un petit déjeuner à la fois et feront le bonheur des petits comme des grands !

Merci également les Éditions de l'Homme, spécialement Erwan Leseul, vice-président à l'édition, d'avoir immédiatement cru en ce projet qui favorise le mieux-être des enfants. Merci aussi au capitaine Émilie Mongrain, chargée de projet, qui a su en tout temps trouver l'humour et les mots qu'il fallait pour rallier tout le monde à bord. Sa précieuse collaboration a été grandement appréciée de tous !

Merci à Marie-Reine Mattera pour son grand talent, son ouverture et sa patience exemplaire, et à Julia pour son dévouement et sa passion pour la photo !

Merci à Luce Meunier, à Mélanie Marchand et à Alexandra Mitrofanow, pour leur enthousiasme et leur engagement.

Un merci tout spécial et en particulier aux petites mains magiques des maquilleuses/coiffeuses Christiane Fattori, Catherine Lemay, Catherine Lavoie, Dominique T. Hasbani et Sabrine Cadieux, et pour leur générosité.

Merci également à Roy&Turner Communications, spécialement à Marie-France Côté et à Amélie Robitaille, pour leur temps et leur grande expertise.

Et enfin, merci à Lucie Desauliniers d'avoir prêté sa plume au projet, et Hélène-Andrée Bizier, Isabelle Huot et Louise Thibault, d'avoir spontanément accepté d'alimenter les propos de ce livre.

Encore une fois, merci !

# Crédits photos

98.5 *(Dominic Arpin, Paul Houde)*
Agence Micheline Beauregard *(Raphaël Grenier-Benoît)*
Agence QMI photo d'archives *(Denis Bouchard, Jonathan Painchaud)*
CGMT Photographes *(Louise Richer)*
Daniel Auclair *(Dominique Michel)*
Jean-François Bérubé *(Luc Langevin)*
Pénéloppe Bourgeois *(Patrick Bourgeois)*
Bernard Breault *(Alexandre Despatie)*
Krissi Campbell *(Mario Pelchat)*
Martin Clairmont *(Laurent Godbout)*
Michel Cloutier *(Émily Bégin)*
Crila *(Nadja)*
Pedro De Carvalho *(Émilie Heymans)*
Benoît Desjardins *(Mélanie Marchand, Jean-François Plante)*
Donat Photography *(Jasmin Roy)*
Mathieu Dupuis *(Philippe Lapeyrie)*
Vincent Éthier *(Marie-Chantal Toupin)*
Julien Faugère *(Éric Salvail)*
Sandra Fourqui *(Marie-Ève Janvier)*
Robert Gilbert *(Isabelle Charest)*

Martin Girard *(Alexandre Bilodeau, Marianne St-Gelais)*
Olivier Hanigan *(Patrice Demers, Nathalie Lambert)*
Jean-Charles Labarre *(Hugo Lapointe)*
Laurence Labat *(Brigitte Boisjoli, Nicole Martin, Mathieu Pichette)*
Jean Langevin *(Georges Laraque)*
Patrick Lemay *(India Desjardins)*
Les Alouettes de Montréal *(Étienne Boulay)*
Marie-Reine Mattera *(Anick Lemay)*
Stéphane Milhomme *(Isabel Richer)*
NRJ *(José Gaudet, Julie St-Pierre, Mario Tessier, Richard Turcotte)*
Danny Partieous *(Abeille Gélinas)*
Julie Perreault *(Patrice Bélanger, France Castel, Stefano Faita)*
Bruno Petrozza *(Claudine Desrochers, Isabelle Huot)*
Sébastien Raymond *(Guillaume Lemay-Thivierge)*
Yves Renaud *(Guy A. Lepage)*
Gabrielle Robert *(Laurent Paquin)*
Rouge FM *(Joël Legendre, Marina Orsini)*
Tango *(Guy Fournier, Josée Lavigueur, Claudette Taillefer)*
Guy Tessier *(Rachid Badouri)*
TVA *(Mathieu Cloutier, Patrice Godin)*

Design graphique : François Daxhelet
Infographie : Johanne Lemay
Révision : Sylvie Massariol
Correction : Charlotte de Celles
Photos : Marie-Reine Mattera
Accessoiriste : Luce Meunier
Styliste culinaire : Mélanie Marchand
Rédaction : Lucie Desaulniers

Catalogage avant publication de Bibliothèque et Archives
nationales du Québec et Bibliothèque et Archives Canada

Vedette principale au titre :

   Les matins gourmands du Club des petits déjeuners :
des recettes qui ont de la personnalité

   ISBN  978-2-7619-3347-6

   1. Petits déjeuners.  2. Brunchs.  3. Livres de cuisine.  I.
Club des petits déjeuners du Québec.

TX733.M37 2012     641.5'2     C2012-941157-4

08-12

© 2012, Les Éditions de l'Homme,
division du Groupe Sogides inc.,
filiale de Québecor Média inc.
(Montréal, Québec)

Tous droits réservés

Dépôt légal : 2012
Bibliothèque et Archives nationales du Québec

ISBN 978-2-7619-3347-6

DISTRIBUTEUR EXCLUSIF :

**Pour le Canada et les États-Unis :**
MESSAGERIES ADP*
2315, rue de la Province
Longueuil, Québec  J4G 1G4
Téléphone : 450-640-1237
Télécopieur : 450-674-6237
Internet : www.messageries-adp.com
* filiale du Groupe Sogides inc.,
   filiale de Québecor Média inc.

Devenez fan du Club **www.facebook.com/ClubDejeuners**
Visitez-nous au **www.clubdejeuners.org**

Gouvernement du Québec – Programme de crédit d'impôt pour
l'édition de livres – Gestion SODEC –
www.sodec.gouv.qc.ca

L'Éditeur bénéficie du soutien de la Société de développement
des entreprises culturelles du Québec pour son programme
d'édition.

Conseil des Arts     Canada Council
du Canada            for the Arts

Nous remercions le Conseil des Arts du Canada de l'aide accordée
à notre programme de publication.

Nous reconnaissons l'aide financière du gouvernement du
Canada par l'entremise du Fonds du livre du Canada pour nos
activités d'édition.

## Suivez-nous sur le Web

Consultez nos sites Internet et inscrivez-vous à l'infolettre pour rester informé en tout temps de nos publications et de nos concours en ligne. Et croisez aussi vos auteurs préférés et notre équipe sur nos blogues!

EDITIONS-HOMME.COM
EDITIONS-JOUR.COM
EDITIONS-PETITHOMME.COM
EDITIONS-LAGRIFFE.COM

Achevé d'imprimer au Canada
sur papier Enviro 100% recyclé